A Mr AMBROISE THOMAS

Membre de l'Institut,
Directeur du Conservatoire National de Musique.

SOLFÈGE PRATIQUE

OU

NOUVELLE MÉTHODE

DE

LECTURE MUSICALE

BASÉE SUR L'ÉTUDE DES INTERVALLES DANS TOUS LES TONS
ET SUR LA DICTÉE VOCALE ET ÉCRITE

Renfermant 100 Exercices et 110 Morceaux à 1, 2, 3 et 4 parties
dans TOUS les TONS MAJEURS et MINEURS extraits des Œuvres
DE
BACH, HAENDEL, HAYDN, GLUCK, MOZART, BEETHOVEN, SCHUBERT,
RAMEAU, MÉHUL, GRÉTRY, MONSIGNY, PAËR, STRADELLA,
WEBER, MENDELSSOHN, MEYERBEER, AUBER, HALÉVY, BERLIOZ,
ROSSINI, BELLINI, BOIËLDIEU, ADAM, F. DAVID, A. THOMAS,
CH. GOUNOD, V. MASSÉ, C. SAINT-SAËNS, CH. VERVOITTE, F. A. GEVAERT,
L. de RILLÉ, A. SAINTIS, E. BOULANGER, C. de VOS, S. DAVID,
L. LACOMBE, S. NAUMBOURG, LÉO DELIBES, Edm. d'INGRANDE,
G. DUPREZ, A. de ROUBIN, CLAPISSON, SALIERI, WINTER, etc.

à l'usage des Orphéons et des Écoles

PAR

ALEXANDRE BRODY

Première Partie, net: 75^c brochée. — Deuxième Partie, net: 2^f50 brochée.
Les deux Parties réunies et CARTONNÉES 3^f50 net.

NOTA. Tous les Exercices et Morceaux sont écrits sur l'une et l'autre Clef de Sol et de Fa, leur étendue restreinte les met à la portée de toutes les voix.

Paris, chez les principaux Editeurs de Musique
et chez l'AUTEUR, 16, rue de Lancry.

1875

15ᵐᵉ LEÇON.

LES SIGNES ALTÉRATIFS.

Le **Dièse**: ♯, le **Bémol**: ♭, le **Bécarre**: ♮.

1°. Le **Dièse** ♯ *élève* d'un ½ *ton* le son d'une note devant laquelle il est placé.

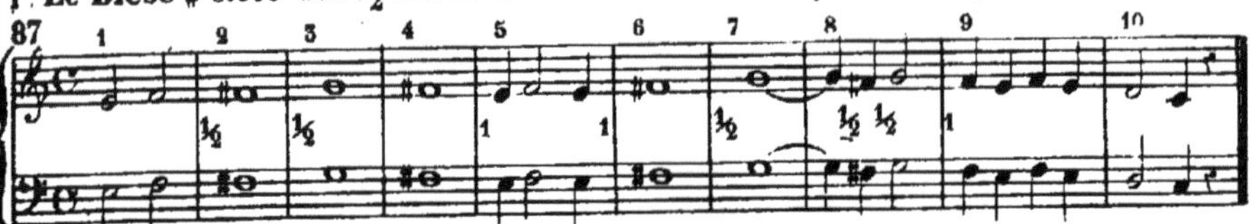

2°. Le **Bémol** ♭ *baisse* d'un ½ *ton* le son de la note devant laquelle il est placé.

Toutes les notes dans la *même mesure* qui succèdent à des notes dièsées ou bémolisées de *même nom* doivent également être *haussées* ou *baissées*.

Exemple.

3°. Le **Bécarre** ♮ sert à *annuler* l'effet du Dièse ou du Bémol et remet la note altérée et les notes succédantes de *même nom* dans la même mesure au *son naturel*.

Exemple.

Les Dièses ou Bémols placés au commencement d'un morceau après la clef se nomment: **l'armure de la clef** et indiquent que *toutes les notes* de *même nom* qu'ils marquent sur les lignes et dans les interlignes doivent être considérées comme dièsées ou bémolisées.

On se sert quelquefois d'un **double dièse** x pour hausser d'un *second* ½ *ton* la note déjà dièsée. Ex: Fa, Fa ♯, Fa x.

On se sert de même d'un **double bémol** ♭♭ pour baisser d'un *second* ½ *ton* la note déjà bémolisée. Ex: Si, Si ♭, Si ♭♭.

NOUVELLE MÉTHODE
de
LECTURE MUSICALE.

16ème LEÇON.

DE LA TONALITÉ.

TON OU GAMME.

‚**Ton'** signifie (outre l'intervalle de *seconde majeure*) l'ensemble des 8 sons de la gamme, ainsi on appelle ‚ton de *Do*' la série de 8 notes qui commence et qui finit par *Do*.

GAMMES NOUVELLES.

Une note quelconque peut représenter le commencement et la fin d'une nouvelle serié de 8 sons, c'est-à-dire d'une *gamme nouvelle*, d'un *ton nouveau*.

TONIQUE.

La 1ère *note*, la base de chaque ton se nomme *tonique* et forme la note la plus importante de la gamme.

DOMINANTE.

Après la *tonique* c'est la 5ème *note* qui est la note la plus importante de la gamme et qui se nomme pour cela: *Dominante*.

FORMATION DE GAMMES NOUVELLES PAR DIÈSES.

Pour former de gammes nouvelles on prend la gamme de *Do* comme modèle en observant strictement l'ordre, dans lequel les 5 tons et les 2 demi-tons se suivent dans cette gamme-modèle, c'est-à-dire: **deux** tons et ½ **trois** tons et ½. On prend ensuite la *dominante* de la gamme précédente comme *point de départ* pour la nouvelle gamme, *ce qui nécessitera toujours dans chaque nouvelle gamme suivante* de **hausser** la **7ème note** *d'un ½ ton*, c'est-à-dire d'ajouter un **Dièse** à la **7ème note**.

EXEMPLE.

Tonique. Dominante. 7
DO, RÉ, MI ½ FA **SOL**, LA, SI ½ DO.
1 5

Tonique. Dominante. 7
SOL, LA, SI ½ DO **RÉ**, MI, FA♯ ½ SOL.
1 5

Tonique. Dominante. 7
RÉ, MI, FA♯ ½ SOL **LA**, SI, DO♯ ½ RÉ.
1 5

Tonique. Dominante. 7
LA, SI, DO♯ ½ RÉ **MI**, FA♯, SOL♯ ½ LA.
1 5

EXERCICE.

Désignez les notes diésées dans les tons de *Sol*, de *Ré*, de *La* et de *Mi*.

SON SENSIBLE.

Le 7ème son de chaque gamme dont la distance au 8ème son doit toujours être d'un ½ ton se nomme: **son sensible** et fait pressentir la *tonique-octave*.

C'est toujours au *sensible* que l'adjonction d'un *nouveau dièse* a lieu pour la formation d'une gamme nouvelle.

EXERCICES.

Désignez les *Dominantes* des tons d'*Ut*, de *Sol*, de *Ré*, de *La* et de *Mi*; — désignez les *tons* dont *Sol*, *Ré*, *La*, *Mi* et *Si* forment les *Dominantes*; désignez les *tons* dont les *sensibles* sont: *Fa* ♯, *Do* ♯, *Sol* ♯, *Ré* ♯ et *La* ♯.

MÉDIANTE.

Le son qui tient le milieu entre la *tonique* et la *Dominante* se nomme: *Médiante;* ces trois sons réunis forment: *l'accord parfait.*

EXERCICE.

Désignez les *Médiantes* entre *Do-Sol* et *Sol-Ré;*-Chantez les accords parfaits de *Do* et de *Sol.*

MODE MAJEUR ET MODE MINEUR

,*Mode*' indique la ,*manière*' dont on dispose des tons et demi-tons pour former des gammes. Il y a deux dispositions différentes. La 1ère qui procéde par **2** *tons*, un ½ *ton*, *3 tons* et un ½ *ton* se nomme: ***mode majeur.***

Ces gammes du ***mode majeur*** ou ***gammes majeures*** prennent leur nom de l'intervalle entre la *tonique* et **la médiante** qui forme une **3ce majeure** et de l'intervalle entre la *tonique* et **la sus-dominante** 6ème degré de la gamme qui forme une **6te majeure.**

Dans le ***mode mineur*** ou dans les ***gammes mineures*** les tons et demi-tons sont disposés de sorte, que l'intervalle entre la *tonique* et la *médiante* forme une 3ce *mineure*, et l'intervalle entre la *tonique* et la *sus-dominante* forme une 6te *mineure;* quant au son *sensible*, il doit toujours être éloigné de l'Octave d'un ½ *ton* dans les gammes *majeures* comme dans les gammes *mineures*.

EXERCICE.

Désignez la *Dominante* (5te de la tonique), le *Son sensible* (7ème de la tonique), la *Médiante* (3ce de la tonique), et la *Sus-dominante* (6te de la tonique) de chacun des tons suivants:

Do, Sol, Ré, La, Mi, Si.

TABLEAU DES GAMMES MAJEURES PAR DIÈSES.

Exercice: Chantez la *gamme* de *Sol majeur* en montant et en descendant avant d'étudier les exercices suivants. — Procédez de la même manière pour l'étude de *chaque nouveau ton majeur* en commençant toujours par la gamme du ton à étudier.

Sol majeur (1 ♯).

FA ♯

Son sensible: *Fa* ♯ — Dominante: *Ré*.

EXERCICES SUR LES SECONDES ET TIERCES.*)

Désignez les 2 demi-tons de la gamme de Sol et solfiez ensuite les N°s 21 et 25 en supposant ces exercices dans le ton de Sol majeur (1 ♯). Dictées. — **)

LA FLÛTE ENCHANTÉE.

AIR.

MOZART.

DICTÉES VOCALES.

Après que chaque leçon aura été **lentement et suffisamment** étudié à livre ouvert en *analysant* toujours toute mesure qui offre quelque difficulté de rhythme ou d'intonation, le professeur dictera la même leçon soit entièrement ou en partie selon la longueur ou la difficulté rhythmique du morceau.

**) Nous engageons les professeurs à faire, après chaque étude des exercices sur les intervalles, de *petites Dictées*, empruntées à ces exercices mêmes ainsi qu'au morceau suivant.

EXERCICE SUR LES QUARTES.

Solfiez le N° 31 en supposant cet exercice dans le ton de Sol majeur (1 ♯). Dictée. —

LA FLÛTE ENCHANTÉE.

DUO.

MOZART.

*) Dans tous ces exercices le professeur modifiera toujours la dernière mesure, de manière qu'elle se termine par la *tonique* du ton que l'on étudie.—

17me LEÇON.

Ré majeur (2 ♯).

FA ♯, DO ♯

Son sensible: *Do ♯.* — Dominante: *La.*

Exercices sur les Secondes et les Tierces.

Désignez les 2 demi-tons de la gamme de Ré et solfiez ensuite les Nos 21 et 25 en supposant ces exercices dans le ton de Ré majeur (2 ♯) Dictées. —

MÉLODIE.

BEETHOVEN.

DICTÉE VOCALE.

Exercice sur les Quartes.

Solfiez le No 31 en supposant cet exercice dans le ton de Ré majeur (2 ♯). Dictées. —

IL CROCIATO.

CHŒUR.

MEYERBEER.

DICTÉE VOCALE.

18me LEÇON.

La majeur (3 ♯).

FA ♯, DO♯, SOL♯.

Son sensible: *Sol* ♯. — Dominante: *Mi*.

Exercices sur les Secondes et Tierces.

Désignez les 2 demi-tons de la gamme de La majeur et solfiez ensuite les Nos 21 et 25 en supposant ces exercices dans le ton de La majeur (3 ♯). Dictées. —

MÉLODIE.*)

DICTÉE VOCALE.

*) Avant d'étudier cette Mélodie on solfiera d'abord le No 154 (page 89).

Exercice sur les Quartes.

Solfiez le No 31 en supposant cet exercice dans le ton de La majeur (3 ♯). Dictées. —

CHARLES VI.(*)

HYMNE PATRIOTIQUE.

DICTÉE VOCALE.

(*) Publié avec l'autorisation de M. A. Lemoine, Éditeur de Musique, 256, rue Saint Honoré.

19me LEÇON.

EXERCICE SUR LES QUINTES.

Solfiez le N° 36 en supposant cet exercice dans le ton de Sol majeur (Fa♯). Dictées.—

MÉLODIE.

HAYDN.

97.

EXERCICE SUR LES SIXTES.

Solfiez le N° 40 en supposant cet exercice dans le ton de Sol majeur (Fa♯). Dictées.—

LES SAISONS.

DUO.

HAYDN.

98.

DICTÉE VOCALE.

20me LEÇON.

EXERCICE SUR LES QUINTES.

Solfiez le N° 36 en supposant cet exercice dans le ton de Ré majeur (Fa ♯, sensible: Do ♯).

Dictées. —

LA CRÉATION.

AIR.

HAYDN.

99.

DICTÉE VOCALE.

EXERCICE SUR LES SIXTES.

Solfiez le N° 40 en supposant cet exercice dans le ton de Ré majeur (2 ♯). Dictées. —

LA FÊTE D'ALEXANDRE.

AIR.

HAENDEL.

100.

DICTÉE VOCALE.

DON JUAN.

AIR.

MOZART.

101.

4te dim.

DICTÉE VOCALE

21me LEÇON.

Exercices sur les Quintes et Sixtes.

Solfiez les N°s 36 et 40 en supposant ces exercices dans le ton de La majeur (Fa♯, Do♯, sensible: Sol♯) Dictées. —

LA FÊTE D'ALEXANDRE

CHŒUR.

DICTÉE VOCALE

Mi majeur (4 ♯).

FA♯, DO♯, SOL♯, RÉ♯.

Son sensible: *Ré*♯.— Dominante: *Si*.

Exercices sur les Secondes, Tierces et Quartes.

Désignez les 2 demi-tons de la gamme de Mi majeur et solfiez les N°s 21, 25 et 31 en supposant ces exercices dans le ton de Mi majeur (4♯). Dictées.—

MÉLODIE.

BEETHOVEN.

103.

DICTÉE VOCALE.

22me LEÇON.

Exercice sur les Quintes.

Solfiez le N°36 en supposant cet exercice dans le ton Mi majeur (Fa#, Do#, Sol#, sensible: Ré#)

Dictées.—

RICHARD CŒUR-DE-LION.

DUO.

GRÉTRY.

104.

DICTÉE VOCALE

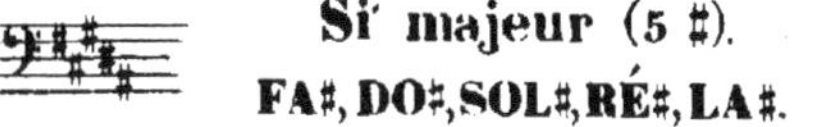

Si majeur (5 ♯).

FA♯, DO♯, SOL♯, RÉ♯, LA♯.

Son sensible: *La ♯* — Dominante: *Fa♯*

EXERCICES SUR LES SECONDES TIERCES ET QUARTES.

Désignez les 2 demi-tons et les notes *non* dièsées de la gamme de Si majeur: solfiez ensuite les N°s 21, 25 et 31 en supposant ces exercices dans le ton de Si majeur (5 ♯). Dictées. —

LA FLÛTE ENCHANTÉE.

AIR.

MOZART.

105.

DICTÉE VOCALE.

23me LEÇON

DU MOUVEMENT.

On appelle **mouvement** le degré de lenteur ou de vitesse dans lequel un morceau de musique doit être exécuté. On indique les différents mouvements *lents*, *modérés* et *vifs* par des mots italiens placés au commencement du morceau.

EXEMPLE.

Adagio, très-lent, et solennel; **Andante**, lent; **Moderato**, modéré; **Allegro**, vif.

DU MÉTRONOME.

Le Métronome dont Maelzel est l'inventeur est un petit instrument avec un balancier qui correspond à une échelle tracée chargée de chiffres. Cette échelle indique les nombres différents d'oscillations du balancier dans une minute. Le balancier se règle facilement pour marquer toutes les oscillations plus ou moins rapides indiquées sur l'échelle.

Le Métronome sert donc à préciser le mouvement mathématiquement exact, dans lequel le compositeur désire que le morceau soit exécuté. Ainsi (♩= 60) signifie que la noire dure la 60e partie d'une minute, par conséquent: une seconde; (♩. = 120) signifie que la noire pointée dure la 120e partie d'une minute, par conséquent une demi seconde.

EXERCICE.

Précisez la durée exacte de chaque temps des mesures suivantes:

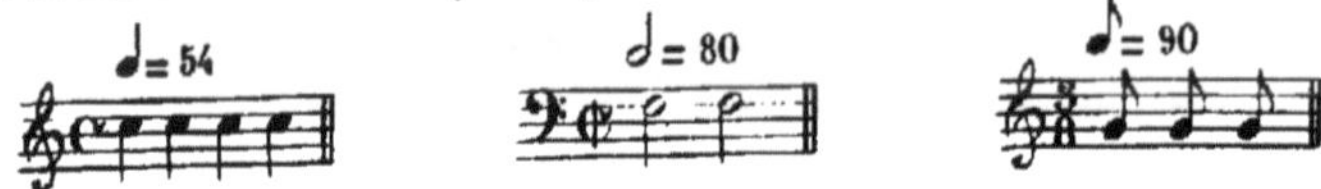

DES MODIFICATIONS PASSAGÈRES DU MOUVEMENT.

Le mouvement général d'un morceau peut subir des changements passagers; voici les termes les plus usités qui indiquent ces modifications: *Accelerando, accel.* en accélérant. *Rallentendo, rall.* en rallentissant. *Ritardando, ritard.* en retardant. *Ritenuto, rit.* en retenant. *Stringendo,* en pressant. *Ad libitum* ou *A piacere,* à volonté.

Pour reprendre le mouvement général du morceau on se sert des indications suivantes: *A tempo* ou *Tempo primo,* premier mouvement.

DU CARACTÈRE.

Outre le mouvement on indique encore le *caractère* particulier de chaque morceau de musique par des mots italiens.

EXEMPLE.

Maestoso, majestueux; *Religioso,* réligieux; *Grazioso,* gracieux; *Dolce,* doux; *Energico,* énergique.

DES NUANCES.

On appelle **nuances** les différentes manières de donner aux sons plus ou moins de force ou de douceur. Ces différents degrés de force et de douceur sont également indiqués par des mots italiens ou par leurs abréviations ou par des signes correspondants.

Voici les nuances les plus usitées.

Piano ou *p*, doux; *pianissimo* ou *pp*, très-doux.

Forte ou *f*, fort; *fortissimo* ou *ff*, très-fort; *mezzo forte*, ou *mf*, demi-fort

Crescendo ou *cresc.* ou < en augmentant peu à peu la force d'un son ou de plusieurs sons consécutifs.

Decrescendo ou *decresc* ou > en diminuant le son progressivement.

Cresc. et *decresc.* *p* < fort > *p*.

Sforzando ou *sfz* en forçant le son.

EXERCICE.

DICTÉE VOCALE.

DE L'ACCENTUATION.

Outre les termes et signes de nuances on emploie encore pour faire ressortir certaines notes d'une phrase musicale les accents suivants:

1° L'*appui* ou le *sforzando* ∧ qui indique qu'il faut appuyer avec plus de vigueur les notes ainsi accentuées: .

2° Un second *signe d'appui* > qui indique qu'il faut d'abord appuyer (la note ainsi accentuée) et immédiatement après diminuer le son de la même note accentuée .

3° Le *coulé* ou la *liaison* ⁀ se place entre plusieurs notes différentes qui doivent être liées et bien soutenues.

4° Le *détaché* ou le *staccato*.... consiste en points, qui se placent au-dessus ou au-dessous des notes appelées alors des notes détachées ou piquées et qui s'exécutent (contrairement aux notes coulées) brièvement, de sorte qu'elles perdent la moitié de leur valeur. Ex:

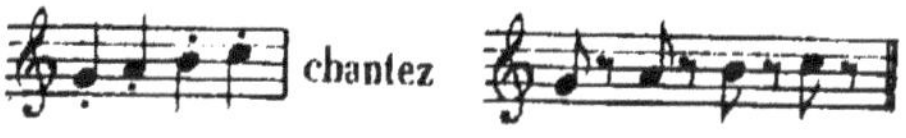

5° Le *staccatissimo* ''' consiste en pointes et indique une exécution plus vive et plus brève que le staccato. Ex:

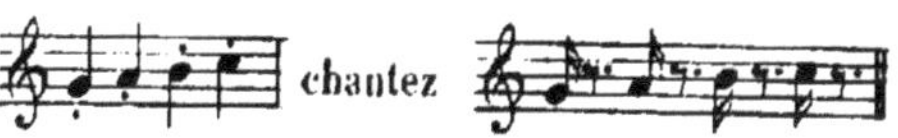

6° Le *porté* ⁀ forme une réunion de points et de la liaison et indique que les notes ainsi accentuées ne doivent être détachées que très légèrement de sorte qu'elles ne perdent qu'un quart de leur valeur. Ex:

DES ABRÉVIATIONS

DE LA REPRISE.

Le signe de *reprise* consiste en deux points placés avant ou après la double barre et indique qu'il faut exécuter pour la seconde fois la partie d'un morceau de musique déjà exécutée.

EXEMPLE.

DA CAPO.

Le *Da capo* ou *D.C.* se place à la fin d'un morceau et indique qu'il faut reprendre le morceau du commencement jusqu'au mot: *Fin* ou *Fine*.

DU RENVOI 𝄋

Ce signe se met généralement deux fois dans le même morceau de musique et indique à la *seconde* fois qu'il faut reprendre le morceau à l'endroit ou se trouve le 1er renvoi et qu'il faut finir au mot: ***Fin*** ou ***Fine***.

Au lieu d'un second renvoi on met aussi: *al signo* c'est-à-dire: à recommencer *du signe* de renvoi 𝄋

TABLEAU GÉNÉRAL DES TERMES PRINCIPAUX

DE MOUVEMENT DE CARACTÈRE, D'EXPRESSION, DE NUANCES, ET D'ACCENTUATION.

Adagio, très-lent et solennel; **Andante**, lent; **Andantino**, un peu moins lent que Andante;
Allegro, vif; **Allegretto**, moins vite que Allegro; **Agitato**, agité; **Animato**, animé; **Alla breve**, brièvement;
Accelerando, en accélérant; **Affectuoso**, affectueux; **Amoroso**, tendre; **Assai** beaucoup;
Ad libitum, à volonté; **A piacere**, à volonté; **A tempo primo** ou **Tempo I°**, premier mouvement;
Appoggiando, ∧ en appuyant; **Appassionnato**, passionné; **Ardito**, hardi;
Allargando, en élargissant; **Altieramente**, fièrement.
Brillante, brillant; **Brioso**, vif agité.
Bene ou **Ben**, bien.
Calando, en diminuant le son et le mouvement; **Cantabile**, chantant avec grâce;
Commodo, commodément, **Crescendo** en augmentant; **Con espressione**, avec expression;
Con brio, brillant; **Con moto** avec mouvement; **Con anima**, avec âme; **Con maestà**, avec majesté;
Con spiritu, avec esprit; **Con grazia**, avec grâce; **Con gusto**, avec goût; **Con delicatezza**, avec délicatesse;
Con fuoco, avec feu; **Con calore**, avec chaleur; **Con forza**, avec force. **Con fretta**, avec vitesse;
Coda, fin.
Dolce, doux; **Dolcissimo**, très-doux; **Diminuendo**, en diminuant; **Doloroso**, douloureux;
Delicatemente, delicatement; **Disparata**, désespéré.
Espressivo, avec expression; **Energico**, avec energie; **Elegante**, avec élégance.
Forte, fort; **Fortissimo**, très-fort; **Furioso**, avec fureur.
Grave très-lent; **Grazioso**, gracieux; **Giocoso**, gai, plaisant.
Imperioso, impérieux; **Innoncente**, innocent.
Largo, largement; **Larghetto**, moins largement que Largo; **Lento**, lent; **Legato**, lié;
Leggiero, léger; **Lacrimosa**, éploré; **Languido**, en languissant; **Lustingando** en carressant.
Maestoso, majestueux; **Moderato**, modéré; **Mezzo forte**, demi-fort; **Mezza voce**, à demi-voix;
Molto, beaucoup; **Molto più**, beaucoup plus; **Mosso**, animé; **Morendo**, en mourant;
Marcato, marqué, **Malinconico**, mélancolique; **Mesto**, triste; **Ma non troppo**, mais pas trop.
Non molto, pas beaucoup; **Non tanto**, pas autant; **Non troppo**, pas trop; **Nobile**, noble.
Presto, vif, rapide; **Prestissimo**, très-rapide, impétueux; **Piano**, faible; **Pianissimo**, très-faible;
Poco, peu; **Poco a poco**, peu à peu; **Piu moto** ou **piu mosso**, plus de mouvement; **Piangendo**, en pleurant;
Pesante, pesant; **Perdendosi**, en diminuant le son de plus en plus; **Patetico** pathétique; **Placido**, paisible.
Quasi, presque.
Rinforzando, en renforcant; **Ritardando**, en retardant; **Rallentando**, en rallentissant;
Ritenuto, retenu; **Religioso**, religieux; **Rustico**, champêtre.
Sostenuto, lentement en soutenant les sons; **Scherzo** ou **Scherzando** gai en badinant;
Smorzando, en mourant; **Stringendo**, en pressant le mouvement; **Sotto voce**, à demi-voix; **Solo**, seul;
Staccato, détaché; **Staccatissimo**, très-détaché **Semplice**, simple; **Stretto**, serré; **Sempre**, toujours;
Slargando, en élargissant; **Senza tempo**, sans mesure; **Segue il canto**, suivez le chant.
Tempo primo, premier mouvement; **Tempo guisto**, mouvement précis, ni trop lent, ni trop vite;
Tempo di marcia, mouvement de marche; **Tenuto**, en tenant le son; **Tranquillo**, tranquille;
Tenere, tendre; **Tacet**, silence.
Vivace, vif; **Volti subito**, tournez vite (la page); **Vibrato la voce**, en faisant vibrer la voix.

Exercices sur les Sixtes, Septièmes et Octaves.

Solfiez les N°s 40, 43 et 45. Dictées.—

DON JUAN.

AIR.

Andante. MOZART.

108.

24me LEÇON

EXERCICES SUR LES SEPTIÈMES ET OCTAVES.

Solfiez les Nos 44 et 45 en supposant ces exercices dans le ton de Sol majeur (1♯) Dictées.__

LE BARBIER DE SÉVILLE.

DUO.

DICTÉE VOCALE.

EXERCICES SUR LES SEPTIÈMES ET OCTAVES.

Solfiez les Nos 44 et 45 en supposant ces exercices dans le ton de Ré maj: (Fa♯, sensible: Do♯) Dictées.__

MÉLODIE. (*)

DICTÉE VOCALE.

(*) Publié avec l'autorisation de l'auteur

MÉLODIE.

Grazioso. SCHUBERT.

111.

DICTÉE VOCALE.

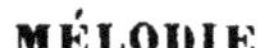

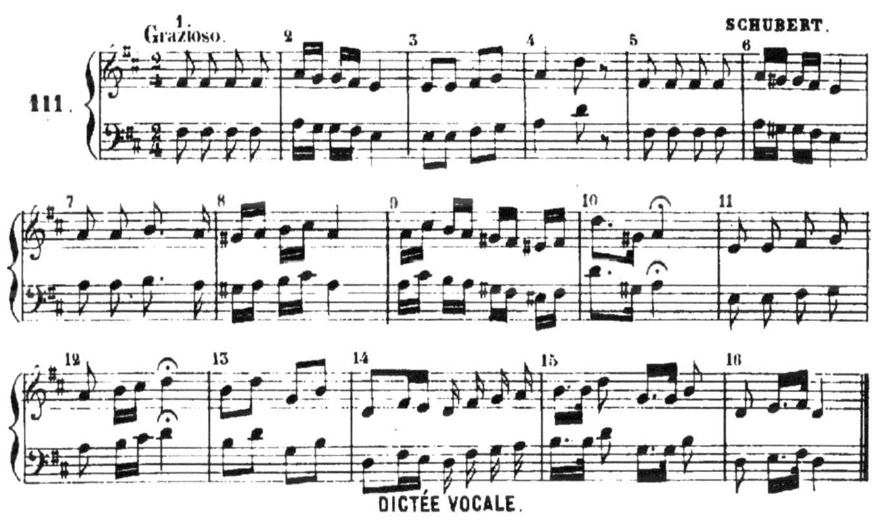

25me LEÇON.

Exercices sur les Septièmes et Octaves.

Solfiez les Nos 44 et 45 en supposant ces exercices dans le ton de La maj. (Fa #, Do #, sensible: Sol #) Dictées. —

LE MAÎTRE DE CHAPELLE.

Allegretto. TRIO. SCHIKANEDER.

112.

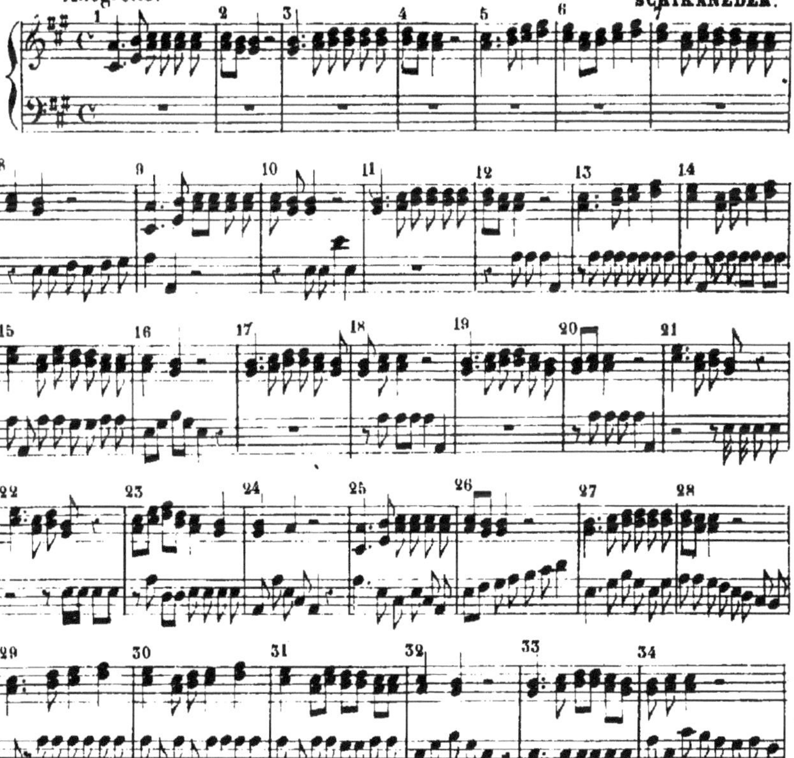

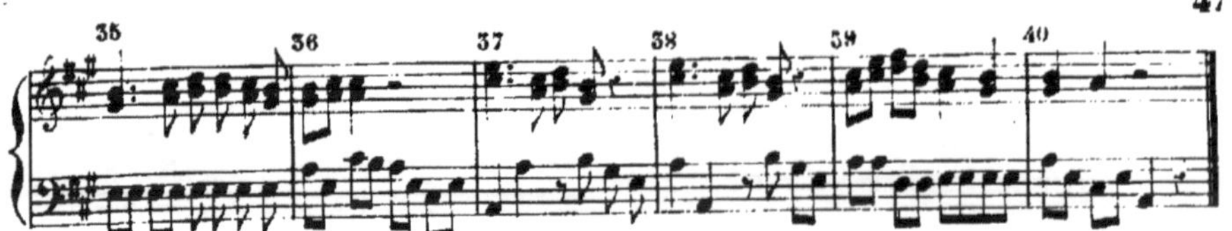

Exercices sur les Sixtes, Septièmes et Octaves.

Solfiez les N.os 40, 44 et 45 en supposant ces exercices dans le ton de Mi majeur (Fa #, Do #, Sol #, sensible: Ré #) Dictées.—

JOSEPH.

DUO.

Andante. MÉHUL.

113.

DICTÉE VOCALE.

26me LEÇON.

EXERCICES SUR LES QUINTES ET SIXTES.

Solfiez les Nos 36 et 40 en supposant ces exercices dans le ton de Si maj: (Fa♯, Do♯, Sol♯, Ré♯) sensible: La♯) Dictées.—

FIDELIO.

AIR.

Allegro moderato. BEETHOVEN.

114.

DICTÉE VOCALE.

Exercices sur les Septièmes et Octaves.

Solfiez les N.os 44 et 45 en supposant ces exercices dans le ton de Si maj: (5 #) Dictées.

LES NOCES DE FIGARO.

CHOEUR.

Allegretto. MOZART.

115.

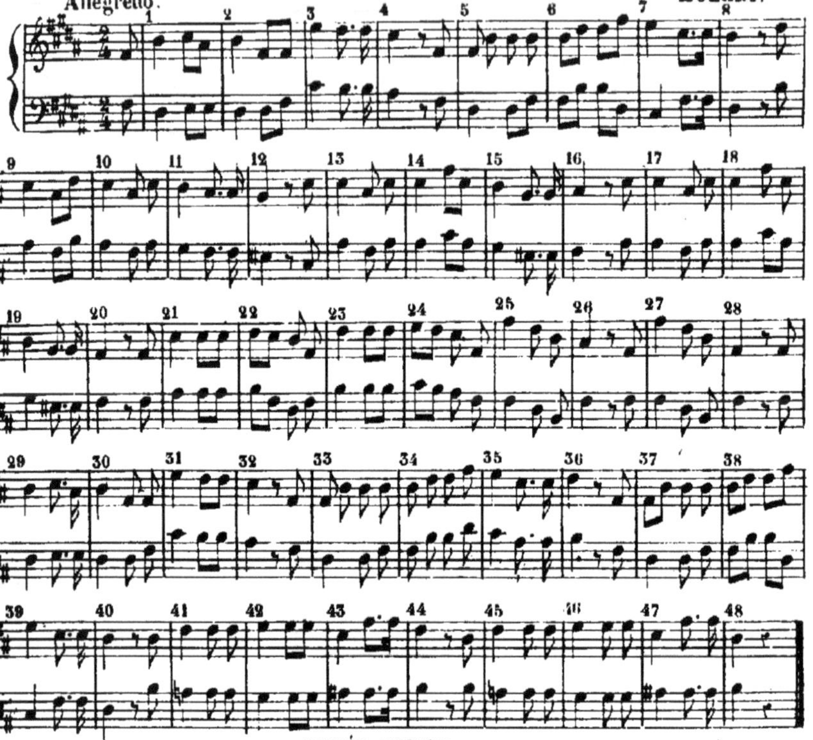

DICTÉE VOCALE.

27me LEÇON.

Fa# majeur. (6#)

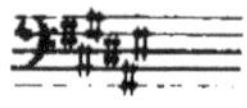

FA#. DO#. SOL#. RÉ#.
LA#. MI#.

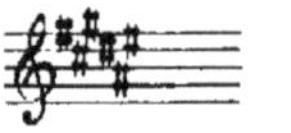

Son sensible: *Mi* # — Dominante: *Do* #.

Exercices sur les Secondes et Tierces.

Désignez les notes non diésées et les 2 demi-tons de la gamme de Fa # maj:
Solfiez les N.os 21 et 25 en supposant ces exercices dans le ton de Fa # majeur (6 #) Dictées.

MÉLODIE.

Allegro moderato. SCHUBERT.

116.

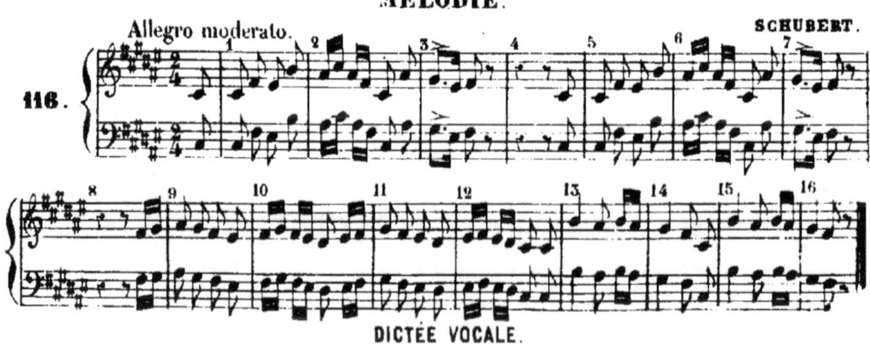

DICTÉE VOCALE.

Exercices sur les Quintes et Sixtes.

Solfiez les N.os 36 et 40 en supposant ces exercices dans le ton de Fa # majeur (Fa #, Do #, Sol #, Ré #, La # sensible, Mi #) Dictées. —

MÉLODIE.

Allegretto. SCHUBERT.

117. 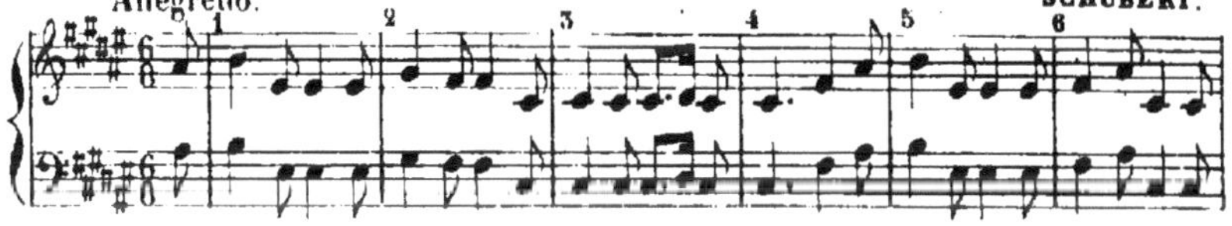

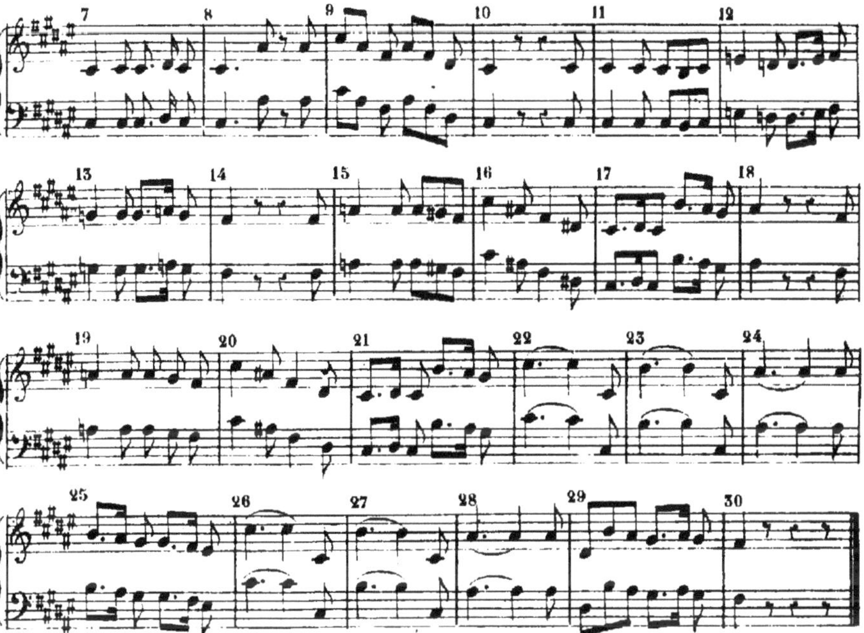

DICTÉE VOCALE.

Do # majeur (7 #)

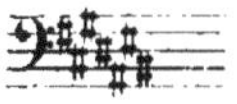

FA #. DO #. SOL #. RÉ #.
LA #. MI #. SI #.

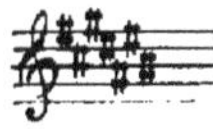

Son sensible: *Si #.* — Dominante: *Sol #.*

Exercices sur les Secondes, Quartes et Quintes.

Désignez les 2 demi-tons de la gamme de Do # majeur et solfiez les N.os 21 et 25, en supposant ces exercices dans le ton de Do # majeur. (7 #) Dictées. —

ORPHÉE.

And.te con moto. AIR. GLUCK.

118.

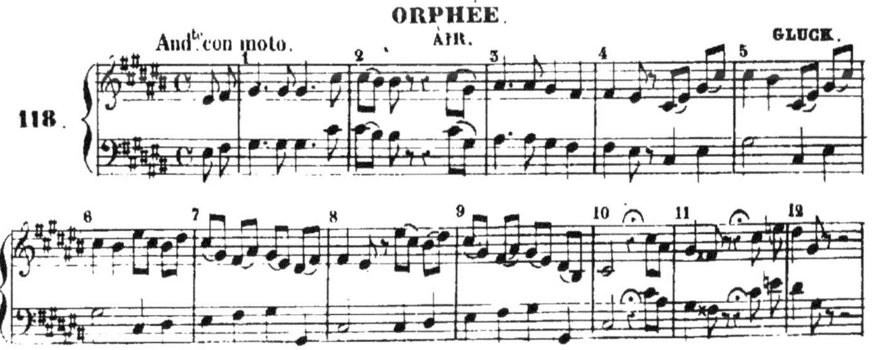

EXERCICE.

Récapitulez les N.os 66, 72, 76, 77 et 78. Dictées. —

28.me LEÇON.

L'ACCORD PARFAIT MAJEUR DE LA TONIQUE.

L'accord parfait maj. de la *Tonique* se compose de la *Tonique*, qui est la note fondamentale de l'accord, de la *tierce* et de la *quinte*.

EX.

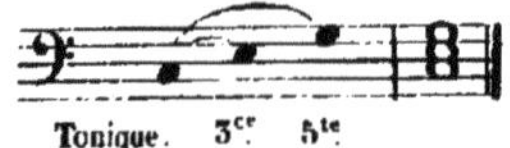

EXERCICE.

Désignez la tonique de Sol maj. ensuite la 3.ce et la 5.te (Médiante et Domin.) et chantez les notes de l'accord parf. de Sol maj.

Procédez de la même manière dans tous les autres tons dièsés.

LE 1.er RENVERSEMENT DE L'ACCORD PARFAIT MAJEUR ou L'ACCORD DE SIXTE.

On obtient le 1.er *Renversement* ou l'*accord de sixte* en déplaçant la *tonique* et en la mettant au dessus des 2 autres notes; la *tierce* de l'accord parfait devient ainsi la *note basse* du 1.er *Renversement* et forme avec la *tonique* une *sixte*.

EX.

LE 2.d RENVERSEMENT DE L'ACCORD PARFAIT MAJEUR ou L'ACCORD DE SIXTE et QUARTE.

On obtient le 2.d *Renversement* ou l'*accord de sixte* et *quarte* en mettant la *tierce*, qui forme la *note basse* du 1.er *Renversement* au dessus des 2 autres notes, la *quinte* de l'accord parfait devient ainsi la *note basse* de l'accord et forme avec la *tonique* une *quarte* et avec la *tierce* de l'accord parf. une *sixte*.

EX.

L'ACCORD DE QUINTE DIMINUÉE

L'accord de **quinte diminuée** se compose du *sensible*, de la *tierce min:* et de la *quinte dimin:*

Exercice. Désignez dans chaque ton diesé les notes dont se compose l'accord de quinte diminuée.

L'ACCORD DE SEPTIÈME DOMINANTE.

L'accord de **septième dominante** se compose de la *dominante*, de la *tierce maj:* (le son sensible du ton) de la *quinte* et de la *septième*.

EX:

EXERCICES sur les ACCORDS.

Chantez dans le ton de **La** maj:, **Mi** maj: et de **Si** maj: les notes dont se composent:

1°. l'accord parf: maj: de la *Tonique* basé sur la *tonique*,

2°. l'accord de *Sixte* basé sur la 3ce de l'accord parfait,

3°. l'accord de *Sixte* et *Quarte* basé sur la 5te de l'accord parfait,

4°. l'accord de *Dominante* basé sur la *dominante*,

5°. l'accord de *Quinte diminuée* basé sur le *son sensible*,

6°. l'accord de *Septième* de *dominante* basé sur la *dominante*.

29.me LEÇON.

FORMATION DE GAMMES NOUVELLES PAR BÉMOLS.

Pour former des gammes avec bémols on prend encore la gamme de *Do* comme modèle en observant l'ordre dans lequel les 5 tons et les 2 demi tons se suivent dans cette gamme-modèle c'est-à-dire: **deux** tons et ½ **trois** tons et ½. On prend ensuite la *sous-dominante* de la gamme précédente comme *point de départ* pour la nouvelle gamme, *ce qui nécessitera toujours dans chaque nouvelle gamme suivante* l'**abaissement** de la **4.me note** (la nouvelle sous-dominante) *d'un ½ ton* c'est-à-dire l'**adjonction** d'un **bémol** à la **4.me note**.

EXEMPLE.

1 DO, RÉ, MI ½ FA (4), SOL, LA, SI ½ DO.
Sous dominante.

1 FA, SOL, LA ½ SI♭ (4) DO, RÉ, MI ½ FA.
Tonique. Sous dominante.

1 SI♭ DO, RÉ ½ MI♭ (4) FA, SOL, LA ½ SI♭.
Tonique. Sous dom:

EXERCICE.

1º Indiquez le nouveau bémol dans chacun des tons suivants.

Fa, Si♭, Mi♭, La♭, Ré♭, Sol♭, Do♭.

2º Désignez la *sous-dominante* de chacun des tons précédents.

3º Désignez la *dominante* et ensuite le *sensible* de chacun des tons précédents.

4º Désignez les notes bémolisées de chacun des tons précédents.

TABLEAU DES GAMMES MAJEURES PAR BÉMOLS.

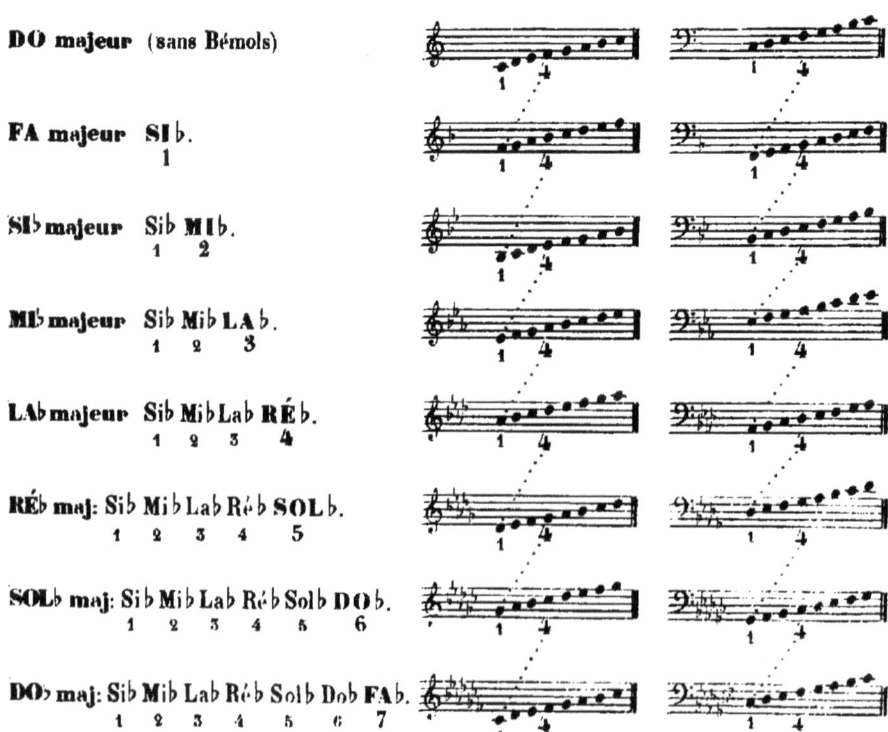

ÉTUDE PRATIQUE DES TONS MAJEURS AVEC BÉMOLS.

Fa majeur (1♭)

SI♭.

Sous-dominante: *Si♭* —Son sensible: *Mi*.

Exercices sur les Secondes et Tierces.

Désignez les 2 demi-tons de la gamme de Fa maj: et solfiez les N.os 21 et 25 en supposant ces exercices dans le ton de Fa majeur. (1♭) dictées

RICHARD CŒUR-DE-LION

DICTÉE VOCALE.

Exercice sur les Quartes

Solfiez le N.o 31 en supposant cet exercice dans le ton de Fa majeur (1♭) Dictées.

NORMA

DICTÉE VOCALE

30me LEÇON.

Si♭ majeur (2♭)

SI♭, MI♭

Sous-dominante: *Mi*♭ — Son sensible: *Fa.*

EXERCICES SUR LES SECONDES ET TIERCES.

Désignez les 2 demi-tons de la gamme de Si♭ majeur et solfiez les N.os 21 et 25 en supposant ces exercices dans le ton de Si♭ majeur (Si♭, Mi♭) Dictées._

FREYSCHÜTZ*)

DICTÉE VOCALE.

*) Après l'étude de ce Chœur suivie d'une dictée, on étudiera encore le N° 155 (page 89) avant de continuer.

Mi♭ majeur (3♭)

SI♭, MI♭, LA♭

Sous dominante: *La*♭ Son sensible: *Ré.*

EXERCICES SUR LES SECONDES ET TIERCES.

Désignez les 2 demi-tons et les notes non bémolisées de la gamme de Mi♭ et solfiez les N.os 21 et 25 en supposant ces exercices dans le ton de Mi♭ majeur (Si♭, Mi♭, La♭) Dictées._

MÉLODIE.

DICTÉE VOCALE.

31me LEÇON.

EXERCICES SUR LES QUARTES ET QUINTES.

Solfiez les Nos 31 et 36 en supposant ces exercices dans le ton de Fa majeur (1♭) Dictées.

MÉLODIE.

DICTÉE VOCALE.

LA FLÛTE ENCHANTÉE.

32me LEÇON.

EXERCICES SUR LES QUARTES ET QUINTES.

Solfiez les Nos 31 et 36 en supposant ces exercices dans le ton de Si♭ majeur (Si♭, sous-dominante: Mi♭.) Dictées...

LES NOCES DE FIGARO.

2.

Exercices sur les Quartes et Quintes.

Solfiez les N.os 31 et 36 en supposant ces exercices dans le ton de Mi♭ majeur (Si♭, Mi♭, sous dominante La♭) Dictées.—

LE BARBIER DE SÉVILLE

AIR.

ROSSINI.

Andte maestoso.

126.

DICTÉE VOCALE.

33me LEÇON.

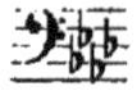

La ♭ majeur (4 ♭)

SI ♭, MI ♭, LA ♭, RÉ ♭.

Sous-dominante: *Ré* ♭ — Son sensible: *Sol*.

Exercices sur les Secondes et les Tierces

Désignez les 2 demi-tons et les notes non bémolisées de la gamme de La ♭ maj: et solfiez les N.os 21 et 25 en supposant ces exercices dans le ton de La ♭ majeur (4 ♭) Dictées.—

LA CRÉATION.

All.o moderato. CHŒUR. HAYDN.

127.

DICTÉE VOCALE.

MÉLODIE.

All.o maestoso. BEETHOVEN.

128.

DICTÉE VOCALE.

Exercice sur les Quintes.

Solfiez le N° 36 en supposant cet exercice dans le ton de La♭ maj: (Si♭, Mi♭, La♭, Ré♭.)

Dictées. _

MÉLODIE.

DICTÉE VOCALE.

34me LEÇON.

DES ORNEMENTS OU NOTES D'AGRÉMENT.

Les **ornements** ajoutés à une mélodie consistent en petites notes ou signes; **leur valeur** est empruntée à la note devant ou après laquelle ils sont placés: Les principaux ornements mélodiques sont: **L'appoggiature**, **l'appoggiature brève**, **l'appoggiature double**, le **gruppetto** et le **trille**.

1° **L'appoggiature** (du mot italien: *appoggiare*, appuyer) est une petite note d'agrément qui emprunte à la note principale qu'elle précède la moitié de sa valeur et qu'il faut bien **appuyer** en chantant.

Exemple.

L'**appoggiature** qui précède une note pointée lui emprunte les premiers 2 tiers de sa valeur.

2° **L'appoggiature brève** ou petite note brève est une petite note barrée qui n'emprunte que très peu à la valeur de la note qu'elle précède et qui s'exécute **rapidement**.

3° **L'appoggiature double** consiste en 2 petites notes qui empruntent leur valeur à la note précédente et qui s'exécutent selon le caractère du morceau plus ou moins vite.

Exemples

4°. Le **grupetto** est un groupe de 3 ou 4 petites notes qui prend sa valeur sur la note précédente.

Voici les notes dont se compose le grupetto de 3 notes: 1°. la *seconde inférieure* de la note principale, 2°. la *note principale* et 3°. la *seconde supérieure* de la note principale. Ce groupe s'indique par le signe: ~ et se place au dessus de la note principale.

Exemple.

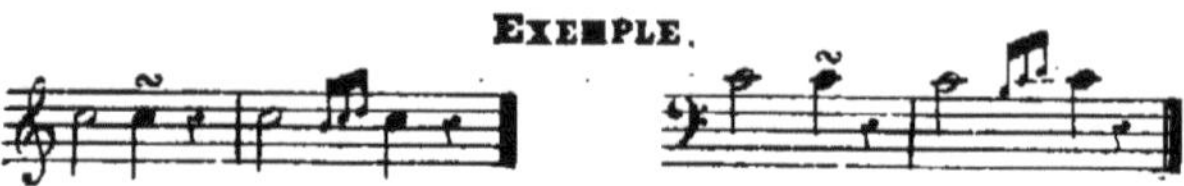

Le même groupe de 3 notes peut commencer par la *seconde supérieure* et finir par la *seconde inférieure*; et s'indique en ce cas par le même signe ainsi tourné: ∽ (le 1er crochet en haut.)

Exemple.

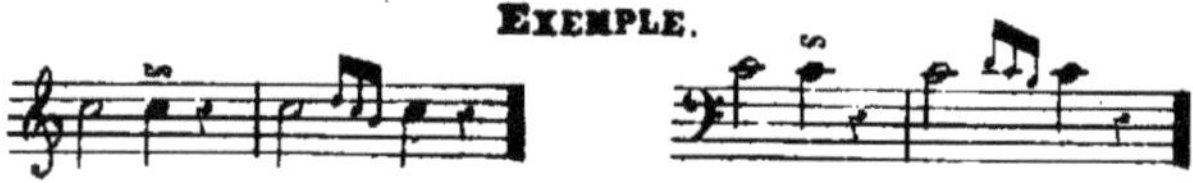

Le **grupetto** de 4 notes se compose: 1°. de la *seconde supérieure* de la note principale, 2°. de la *note principale* même, 3°. de la *seconde inférieure* de la note principale et de la *note principale* qui se repète pour la seconde fois. Ce groupe s'indique par le signe: ~ placé **après** la note principale à laquelle il emprunte sa valeur.

Exemple.

On ajoute quelquefois des altérations aux signes de **grupetto** pour indiquer que la *seconde supérieure* ou *inférieure* ou les deux en même temps doivent être altérées.

Exemple.

5°. Le **Trille** consiste dans la répétition alternative et rapide de 2 sons, d'un ton ou d'un ½ ton de distance et s'indique par les lettres: *tr*. ou *tr*~~~~.

La 1ère note du **trille** est la note écrite, la 2de note est la *seconde supérieure* de la note principale. Le trille se termine généralement par la *seconde inférieure* de la note principale et la *note principale* même.

Exemple.

Il y a des trilles qui commencent par une **appogiature** et que l'on appelle des **trilles préparés**, il y a également des trilles qui se terminent de différentes manières et dont les terminaisons sont toujours indiquées par le compositeur.

Solfiez les N.os 44 et 45 en supposant ces exercices dans le ton de Fa maj. (Si ♭) Dictées.–

MÉLODIE.

DICTÉE VOCALE.

35.me LEÇON.

EXERCICES SUR LES SIXTES, SEPTIÈMES ET OCTAVES.

Solfiez les N.os 40, 44 et 45 en supposant ces exercices dans le ton de Si ♭ maj. (Si ♭, Mi ♭) Dictées.–

MÉLODIE.

DICTÉE VOCALE.

Exercices sur les Sixtes, Septièmes et Octaves.

Solfiez les N.os 40, 44 et 45 en supposant ces exercices dans le ton de Mi ♭ maj. (Si ♭, Mi ♭, La ♭) Dictées. —

LA FLÛTE ENCHANTÉE*)

DUO

MOZART.

*) Après l'étude de ce Duo on récapitulera le N° 126.

36me LEÇON.

Exercices sur les Sixtes, Septièmes et Octaves.

Supposez les N.os 40, 44 et 45 en supposant ces exercices dans le ton de La ♭ maj. (4 ♭, Sous-dom: Ré ♭.) Dictées. –

ANDANTE.*)

Fragment de la Symphonie en Ut min. — BEETHOVEN.

133.  *p dolce* … *sf* … *crescendo* … *p* … *pp*

*) Après l'étude de cet Andante on récapitulera le N° 129.

Ré ♭ majeur. (5 ♭)

SI ♭, MI ♭, LA ♭, RÉ ♭, SOL ♭.

Sous-Dominante: *Sol* ♭. — Son sensible: *Do*.

Exercices sur les Secondes, Tierces et Quartes.

Désignez les 2 demi-tons et les notes non bémolisées de la gamme de Ré ♭ maj., solfiez ensuite les N.os 21, 25 et 31 en supposant ces exercices dans le ton de Ré ♭ maj. (5 ♭) Dictées.

DON JUAN.

MENUET.

Allegretto grazioso. — MOZART.

134.

37me LEÇON.

Exercices sur les Quintes, Sixtes et Septièmes.

Solfiez les N°s 36, 40 et 44 en supposant ces exercices dans le ton de Ré ♭ maj. (5 ♭) Dictées.

LA CRÉATION

DUO.

64
65
66
67
68
69
70
71
72
73
74
75
76
77
78
79
80
81
82
83
84
85
86
87
88
89
90
91
92
93
94
95
96
97
98
99
100
101
102
103
104
105
106
107
108
109
110
111
112
113
114
115
116
117
118
119
120
121
122
123
124
125
126
127
128
129
130
131
132
133
134
135
136
137
138
139
140
141
142
143

38ème LEÇON.

Sol ♭ majeur. (6 ♭)

SI ♭, MI ♭, LA ♭, RÉ ♭
SOL ♭, DO ♭.

Sous-Dominante: *Do* ♭. — Son sensible: *Fa*.

Exercices sur les Secondes, Tierces et Quartes.

Désignez les 2 demi-tons et les notes non bémolisées de la gamme de Sol ♭ maj. et solfiez les N.os 21, 25 et 31 en supposant ces exercices dans le ton de Sol ♭ maj. (6 ♭) Dictées. —

BERCEUSE.

Exercices sur les Quintes et Sixtes.

Solfiez les N.os 36 et 40 en supposant ces exercices dans le ton de Sol ♭ maj. (Sous-Dominante: Do ♭) Dictées. —

OUVERTURE DU JEUNE HENRI.

39ème LEÇON.

Exercices sur les Septièmes et Octaves.

Solfiez les N.os 44 et 45 en supposant ces exercices dans le ton de Sol ♭ maj. (6 ♭) Dictées. —

JUDAS MACHABÉE.

Do ♭ majeur. (7 ♭)

SI ♭, MI ♭, LA ♭, RÉ ♭, SOL ♭, DO ♭, FA ♭.

Sous-Dominante: *Fa* ♭. —Son sensible: *Si* ♭.

EXERCICES SUR LES SECONDES ET SIXTES.

Désignez les 2 demi-tons de la gamme de Do♭ maj. et solfiez les N.os 21 et 40 en supposant ces exercices dans le ton de Do ♭ maj. (7 ♭) Dictées. —

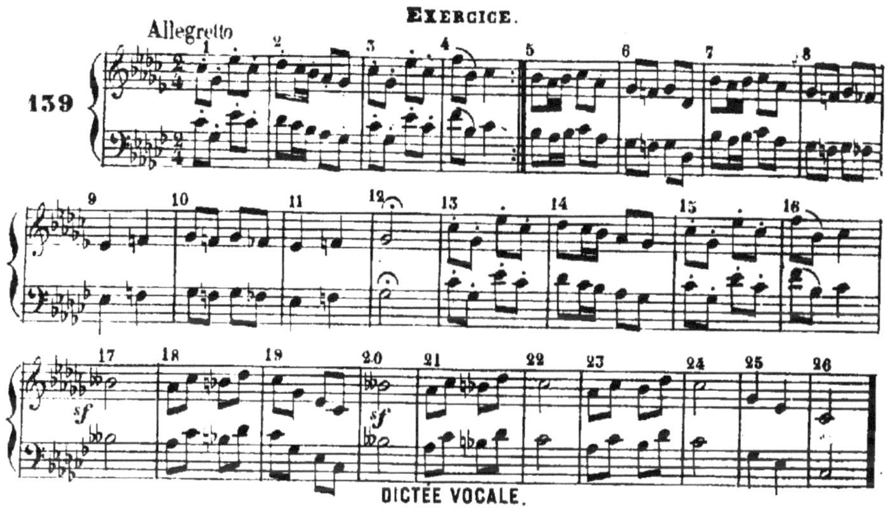

40me LEÇON.

EXERCICES sur les ACCORDS.

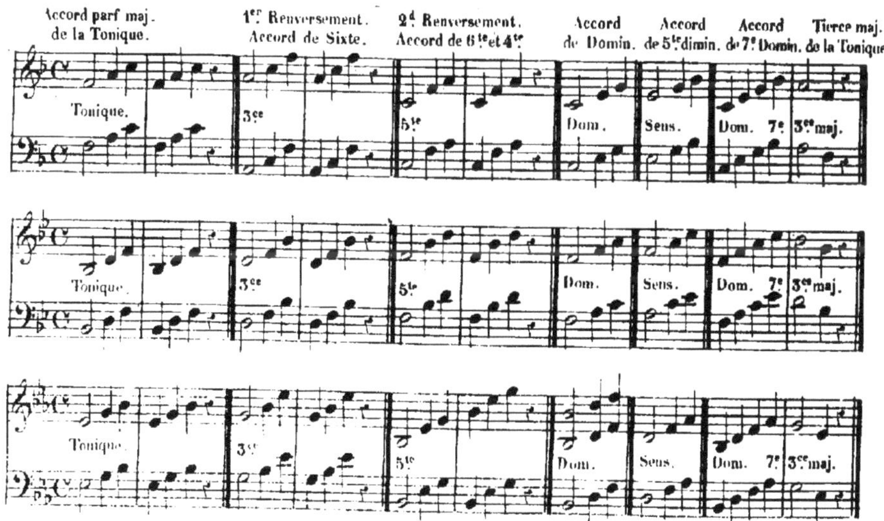

Chantez dans le ton de La ♭ maj. et de Ré ♭ maj. les notes dont se compose:

L'accord parfait maj. de la *Tonique* basé sur la *Tonique*,

L'accord de *Sixte* basé sur la 3.ce de l'accord parfait majeur,

L'accord de *Sixte* et *Quarte* basé sur la 5.te de l'accord parfait majeur,

L'accord de *Dominante* basé sur la *Dominante*,

L'accord de *Quinte diminuée* basé sur le *son sensible*,

L'accord de *Septième dominante* basé sur la *Dominante*,

DE LA DICTÉE ÉCRITE

Pour aborder la dictée écrite il faut que les élèves aient déjà acquis une certaine force; on se servira alors des exercices de la méthode que le professeur **vocalisera** lentement mesure par mesure et que les élèves **solfieront** et **écriront** ensuite.

Avant de commencer ces dictées écrites les élèves doivent s'exercer dans l'écriture musicale en copiant des exercices de la méthode.

EXERCICES.

Récapitulez les N.os 80 jusqu'à 86. (page 26.) Dictées. —

41.me LEÇON.

INTERVALLES SIMPLES.

Tout intervalle qui ne dépasse pas l'étendue d'une *Octave* se nomme **intervalle simple**; ainsi la *seconde*, la *tierce*, la *quarte*, la *quinte*, la *sixte*, la *septième* et l'*octave* sont des intervalles *simples*.

INTERVALLES REDOUBLÉS.

Tout intervalle qui dépasse l'étendue d'une *Octave* se nomme **intervalle redoublé**. Ainsi la *neuvième*, où l'intervalle de *seconde* se trouve redoublé à l'octave, de même que la *dixième*, où l'intervalle de *tierce* se trouve redoublé à l'octave forment des intervalles *redoublés*.

EXEMPLE.

2.de 2.de	3.ce 3.ce
DO-RÉ — do-ré	DO-MI — do-mi
NEUVIÈME.	DIXIÈME.

EXERCICE.

INTERVALLES RENVERSÉS

Tout intervalle à l'exeption des intervalles redoublés, peut être renversé. ***Renverser un intervalle,*** c'est placer le son grave de l'intervalle à renverser, de manière qu'il devienne le son aigu du renversement.

Tout intervalle direct (non renversé) est complété par son renversement pour former une *Octave*, ainsi:

Par le renversement les intervalles	***majeurs***	deviennent	***mineurs.***
»	***mineurs***	»	***majeurs.***
»	***augmentés***	»	***diminués.***
»	***diminués***	»	***augmentés.***
»	***justes***	restent	***justes.***

Il n'y a que les intervalles justes dont les renversements restent justes, ainsi la 4te juste renversée devient 5te juste et la 5te juste renversée devient 4te juste.

EXEMPLE.

Do-Fa, *do-Fa* ou *do-Sol*, *Do-Sol*.
4te j. 5te j. 4te j. 5te j.

EXERCICE.

Indiquez les renversements des intervalles directs suivants:

1 2 3 4 5 6 7 8

9 10 11 12 13 14 15 16

12e LEÇON.

DEMI-TON DIATONIQUE.

Chaque *demi-ton* qui se trouve entre deux notes de degrés différents se nomme *demi-ton diatonique*. Exemple: *Mi-Fa; Si-Do; Re♯-Mi; Fa x-Sol♯*.

DEMI-TON CHROMATIQUE.

Chaque *demi-ton* qui se trouve entre deux notes de *même nom* se nomme *demi-ton chromatique*. Exemple: *Mi-Mi♯, Sol-Sol♯, Si♭-Si♮, Do-Do♭, Si♭-Si𝄫*.

REMARQUE: En divisant le ton en 9 parties égales, appelées *„commas"* c'est le *demi-ton chromatique* qui renferme $5/9$ et le *demi-ton diatonique* $4/9$ du ton entier; le demi-ton chromatique est donc un peu plus élevé que le demi-ton diatonique.

EXERCICE.

Désignez quelques *demi-tons* diatoniques et quelques *demi-tons* chromatiques *en montant et en descendant*.

GAMMES CHROMATIQUES.

Toute gamme **diatonique majeure** renferme 5 tons et 2 demi-tons. En divisant ces 5 tons en demi-tons on obtient 5 demi-tons diatoniques et 5 demi-tons chromatiques, en tout une série de 12 demi-tons, dont 5 demi-tons chromatiques et 7 demi-tons diatoniques, qui forment la *gamme chromatique*.

Toute gamme diatonique peut être transformée en gamme chromatique en divisant les tons qu'elle renferme en demi-tons chromatiques et diatoniques.

La division en demi-tons se fait par l'emploi du dièse ♯, du bémol ♭, et du bécarre ♮.

EXEMPLES.

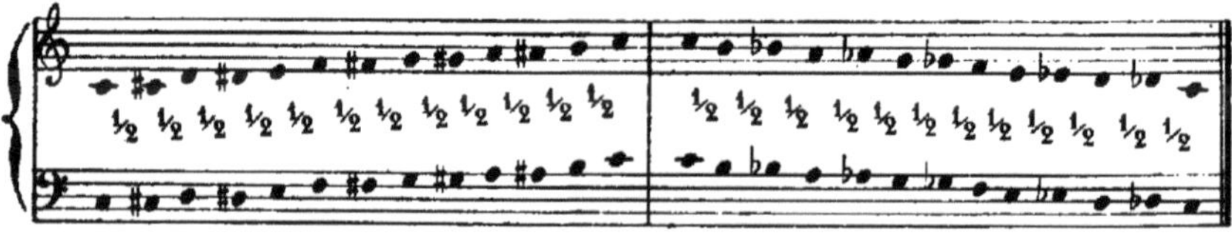

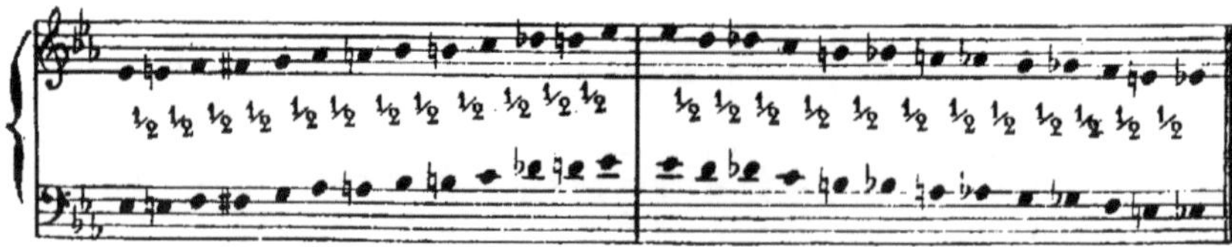

SONS ENHARMONIQUES OU SYNONYMES.

On appelle *sons enharmoniques* plusieurs sons de noms différents mais dont l'intonation est la même. Exemple: *Fa*♯ et *Sol*♭; – *Do*♯ et *Ré*♭; – *Si*♭ et *La*♯.

GAMMES ENHARMONIQUES.

On rend les 12 demi-tons de la gamme chromatique parfaitement égaux en élevant un peu le ½ ton diatonique et en baissant autant le ½ ton chromatique. Cette opération qui qui détruit la petite différence d'un *comma* (la 9e partie d'un ton) entre les 2 demi-tons se nomme: **tempérament**.

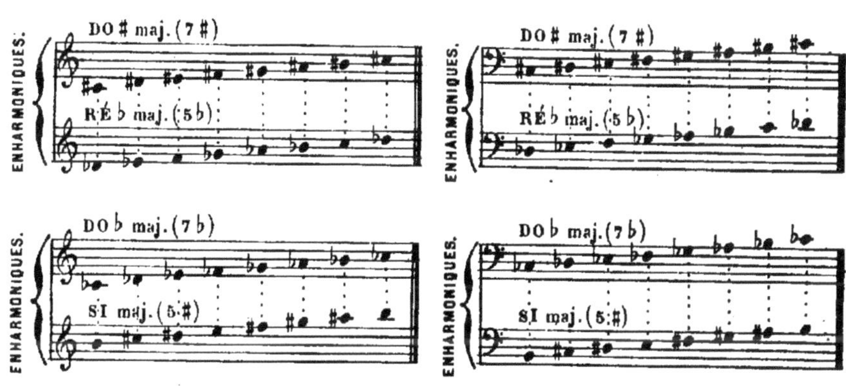

EXERCICE.

Désignez les sons enharmoniques correspondant aux notes suivantes:

Do♯, Mi♭, Sol♯, Si♭, La♭♭, Si♯, Do♭, Fa♭, Mi♯, Re♭,
La♭, La♯, Sol♭, Re♯, Si♭♭, Fa♯, Fa×, Mi, Fa, Si, Do.

INTERVALLES AUGMENTÉS.

Tout intervalle majeur ou juste augmenté d'un ½ ton **chromatique** devient intervalle **augmenté**. La 7e maj. seule ne peut pas être augmentée.

EXEMPLES. EXEMPLES.

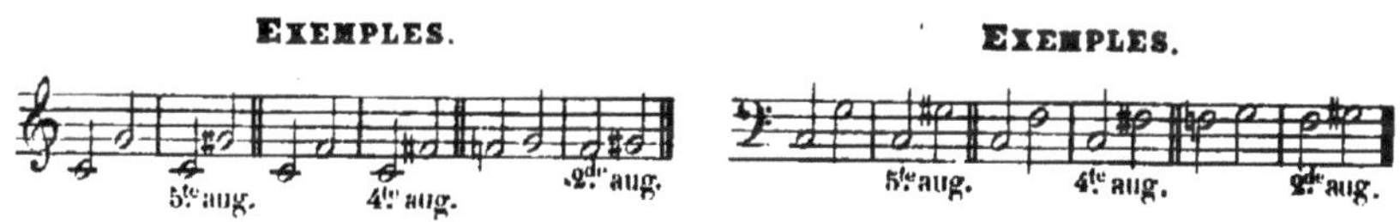

INTERVALLES DIMINUÉS.

Tout intervalle *mineur* ou *juste*, diminué d'un ½ ton chromatique devient intervalle **diminué**. La seconde mineure seule ne peut être diminuée.

EXEMPLES. EXEMPLES.

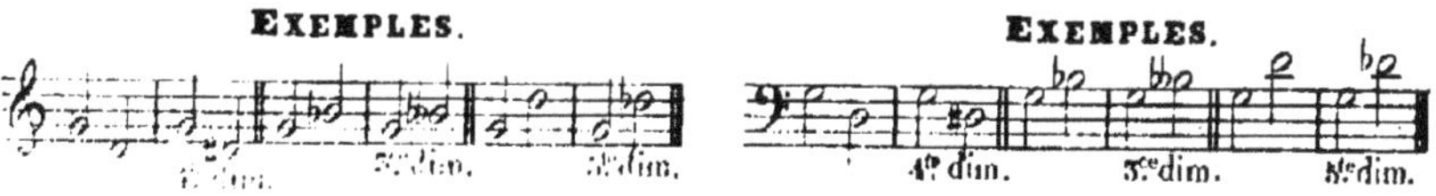

REMARQUE.

Pour vaincre la difficulté qu'offre parfois l'intonation d'un intervalle *augmenté* ou *diminué* nous conseillons de *substituer mentalement* à la note accidentée de cet intervalle le son *enharmonique* de la note diésée ou bémolisée. Par cette substitution on chante aisément:

La 2de *augmentée* comme si c'était une 3ce *mineure* { seulement un petit peu plus haut (d'un comma.)
La 3ce » » » 4te *juste* (2 tons ½) » »
La 4te » » » 5te *diminuée* (3 tons) » »
La 5te » » » 6te *mineure* » »
La 6te » » » 7me *mineure* » »

EXEMPLES.

De même on chante:

La 3ce *diminuée* comme si c'était une 2de *majeure* (1 ton) { seulement un petit peu plus bas (d'un comma.)
La 4te » » » 3ce *majeure* (2 tons) » »
La 5te » » » 4te *augmentée* (3 tons) » »
La 6te » » » 5te *juste* » »
La 7me » » » 6te *majeure* » »

EXEMPLE.

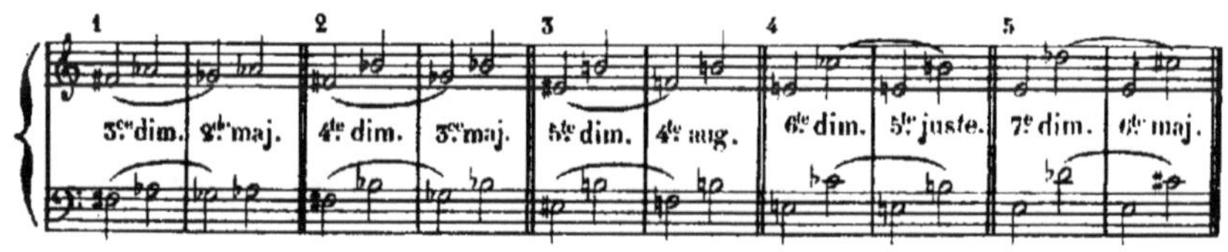

INTERVALLES DOUBLEMENT AUGMENTÉS et INTERVALLES DOUBLEMENT DIMINUÉS.

Tout intervalle que l'on augmente d'un second ½ ton chromatique devient un intervalle **doublement augmenté** ou **sur-augmenté**; tout intervalle diminué, que l'on diminue d'un second ½ ton chromatique devient un intervalle **doublement diminué** ou **sous-diminué**; ces intervalles ne s'emploient que fort rarement.

43me LEÇON.

RÉCAPITULATION

DES INTERVALLES MAJEURS, MINEURS, JUSTES, AUGMENTÉS ET DIMINUÉS.

1º Mont. la 3ce maj: de *Mi*; Desc. la 3ce augm: de *Sol*♯; Mont. la 7e min: de *Mi*♭;

Mont. la 6te augm: de *Mi*♭; Desc. la 3ce maj: de *Do*♯; Desc. la 2de augm: de *La*;

2º Mont. la 4te juste de *Sol*♭; Mont. la 4te augm: de *Sol*♭; Desc. la 5te juste de *Ré*♭;

Mont. la 2de augm: de *Sol*♭; Desc. la 3ce min: de *La*; Desc. la 3ce maj: de *La*;

3º Desc. la 3ce maj: de *La*♭; Desc. la 3ce min: de *Fa*♭; Desc. la 3ce min: de *La*♭;

Desc. la 3ce dimin: de *La*♭; Desc. la 4te juste de *Sol*; Mont. la 5te augm: de *Ré*;

4º Mont. la 6te augm: de *Ré*; Mont. la 2de min: de *Si*♯; Desc. la 8e juste de *Do*♯;

Mont. la 5te augm: de *Do*♯; Mont. la 5te augm: de *Ré*♭; Mont. la 7e dimin: de *Do*♯;

5º Desc. la 3ce maj: de *La*♯; Mont. la 4te juste de *Sol*♯; Desc. la 3ce dimin: de *Do*♮;

Desc. la 3ce min: de *La*♯; Mont. la 3ce min: de *Fa*×; Desc. la 5te dimin: de *La*♭;

6º Mont. la 9e maj: de *Do*; Desc. la 7e min: de *Ré*; Desc. la 7e min: de *Do*;

Desc. la 7e min: de *Si*♭; Mont. la 2de augm: de *Si*♭; Desc. la 6te maj: de *Do*♯;

7º Mont. la 7e dimin: de *Mi*; Mont. la 7e min: de *Mi*♭; Mont. la 6te min: de *Mi*♭;

Mont. la 6te min: de *Ré*♯; Desc. la 2de augm: de *Si*♮; Mont. la 4te augm: de *La*♭;

8º Desc. la 6te dimin: de *Re*♭; Desc. la 5te juste de *Sol*; Mont. la 6te min: de *Mi*;

Mont. la 6te min: de *Sol*; Desc. la 7e maj: de *Mi*; Desc. la 5te dimin: de *Sol*♯;

9º Desc. la 5te augm: de *La*♭; Desc. la 5te augm: de *Sol*♯; Mont. la 3ce maj: de *Sol*♯;

Desc. la 3ce min: de *Do*; Desc. la 3ce maj: de *Do*; Desc. la 3ce augm: de *Do*♯;

10º Chantez les sons enharmoniques de *La*♭; de *Fa*♯; de *Si*♭; de *Si* naturel et de *Mi*♭;

Desc. la 3ce maj: de *La*; Desc. la 4te dimin: *La*; Mont. la 6te augm: de *Mi*♯;

11º Desc. la 8e juste de *Mi*♭; Mont. la 2de augm: *Mi*♭; Mont. la 5te juste de *Mi*♯;

Mont. la 3ce min: de *Ré*♯; Desc. la 3ce min: *Fa*♮; Mont. la 5te juste de *Fa*♭;

12º Desc. la 4te dimin: de *Sol*; Desc. la 3ce maj: *Mi*; Desc. la 3ce min: de *Mi*;

Desc. la 3ce augm: de *Mi*♯; Mont. la 4te juste *Mi*♯; Desc. la 4te juste de *Si*♭;

13º Désignez le nom des intervalles suivants et les tons majeurs auxquels ils appartiennent:

Intervalles montants: *Ré-La*♭, *Mi*♭*-Sol*♭, *Fa*♯*-Ré*♯, *Mi-Do*♯, *Si*♭*-La*♭ *La*♭*-Fa*, *Sol-Si*♭, *Sol*♯*-Ré*♯, *La*♯*-Do*♯, *Ré*♭*-Mi*♭, *Ré*♭*-Do*♭, *Mi*♭*-Do*.

Intervalles descendants: *Do-La*♭, *La*♭*-Ré*♭, *Si*♭*-Fa*, *Fa-Mi*♭, *Fa*♯*-Si*, *La*♯*-Si*, *Ré*♭*-La*♭, *Si*♭*-Re*♭, *Do*♯*-Fa*♯, *La-Fa*♯, *Do*♯*-Sol*♯, *Sol*♯*-Mi*, *La*♯*-Do*♯.

44.me LEÇON.

DE LA GAMME MINEURE.

La gamme mineure se compose comme la gamme majeure de huit sons consécutifs qui renferment 3 *tons*, 3 *demi-tons* diatoniques et une *seconde augmentée* ainsi disposés: **Un** ton et un ½ ton — **deux** tons et un ½ ton — **Seconde augmentée** et un ½ ton. (**Un** et ½ — **deux** et ½ — **Seconde augmentée** et ½)

EXEMPLE.

La, Si Do, Ré, Mi Fa Sol♯ La.
1 ½ 1 1 ½ 2.de augm. ½

DES TONS RELATIFS MAJEURS et MINEURS.

Toute gamme **majeure** est en rapport avec la gamme mineure dont la tonique se trouve une **3.ce mineure au dessous** de la **Tonique** de la gamme majeure; par conséquent toute gamme **mineure** est en rapport avec la gamme majeure, dont la tonique se trouve une **3.ce mineure au dessus** de la **Tonique** de la gamme **mineure**. Chaque **ton majeur** possède donc son ton **relatif mineur** et chaque **ton mineur** possède son **ton relatif majeur**.

EXERCICE.

1. Désignez les tons relatifs majeurs des tons de *La* mineur, *Mi* min, *Si* min, *Fa*♯ min, *Do*♯ min, *Sol*♯ min, *Ré* min, *Sol* min, *Do* min, *Fa* min, *Si*♭ min, et *Mi*♭ min.
2. Désignez les tons relatifs mineurs de tous les tons majeurs diésés et bémolisés.

DE LA FORMATION DES GAMMES MINEURES.

Toute gamme mineure se compose des **mêmes sons** que sa gamme relative majeure dont elle a la **même armure** à l'exception de la **Dominante** du ton relatif majeur qui devient la **note sensible** du ton relatif mineur et qui en cette qualité doit être haussée d'un ½ ton, afin que sa distance de l'octave ne soit que d'un ½ ton comme dans toutes les gammes majeures.

DOM.
Do, Re, Mi ½ Fa, Sol, 1 La, Si, Do.
La, Si ½ Do, Ré, Mi ½ Fa, Sol♯ ½ La.

EXERCICE.

Transformez la **Dominante** de chaque ton maj. en **note sensible** de son ton relatif mineur.

LES NOTES QUI CARACTÉRISENT LES DEUX MODES.

Le ton mineur se distingue du ton maj. dont il a la même armure par 3 notes:

1.o La *Médiante*, qui forme la 3.ce *mineure* de la *tonique;*

2.o La *Sus-dominante*, qui forme la 6.te *mineure* de la *tonique;*

3.o Le *Sensible*, qui est toujours accidenté d'un ½ ton chromatique. Outre ces 3 notes il y a encore la tonique qui sert à reconnaître si un morceau est dans le ton maj. ou dans le ton min. car chaque morceau se termine presque toujours par la tonique qui forme la note *basse* de la dernière mesure.

TABLEAU DES GAMMES RELATIVES

MAJEURES ET MINEURES AVEC DIÈSES.

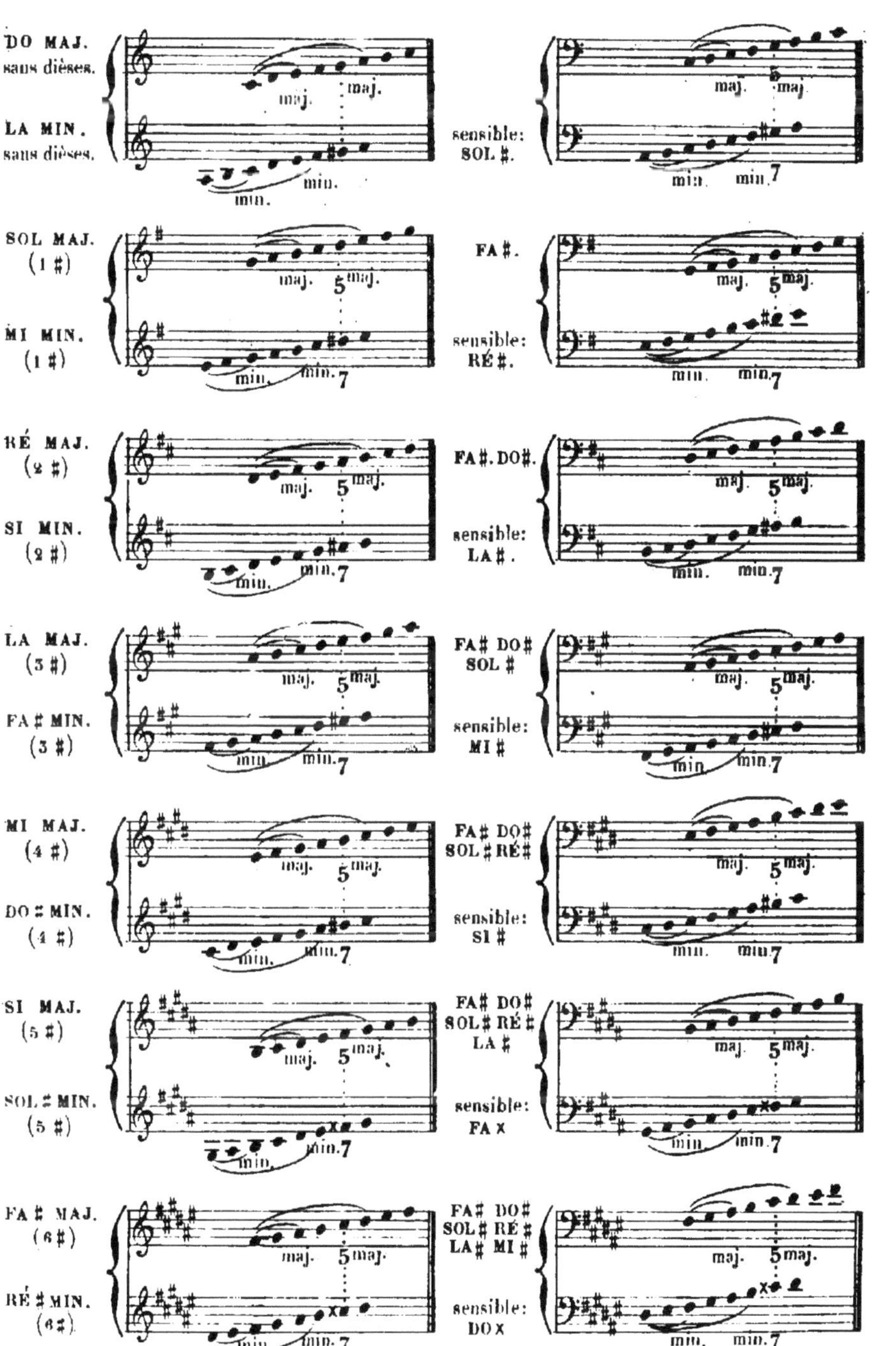

Exercice: Chantez la *gamme* de ***La mineur*** en montant et en descendant avant d'étudier les exercices suivants.— Procédez de la même manière pour l'étude de *chaque nouveau ton mineur* en commençant toujours par la gamme du ton à étudier.

45me LEÇON.

ÉTUDE PRATIQUE DES TONS MINEURS AVEC DIÈSES

La mineur

(Ton relatif de Do majeur.)

Dominante de Do maj: *Sol* — Son sensible de La min: *Sol#*.

EXERCICES SUR LES SECONDES ET TIERCES.

Désignez les 3 demi-tons et la *seconde augmentée* de la gamme de La mineur; solfiez ensuite les N.os 21 et 25 en supposant dans ces exercices chaque Sol *haussé d'un ½ ton chromatique* pour former le son sensible: Sol #. Dictées.–

DICTÉE VOCALE

Mi mineur

(Ton relatif de Sol majeur.)

FA#

Dominante de Sol maj: *Ré* — Son sensible de Mi min: *Ré#*.

EXERCICES SUR LES SECONDES ET TIERCES.

Désignez les 3 demi-tons et la *seconde augmentée* de la gamme de Mi mineur; solfiez ensuite les N.os 21 et 25 en supposant ces exercices dans le ton de Mi mineur (1#) et en chantant partout le son sensible de Mi mineur: Ré # et non Ré naturel (Dominante de Sol maj.)

Dictées.–

DICTÉE VOCALE.

46me LEÇON.

Si mineur

(Ton relatif de Ré majeur).

FA♯, DO♯.

Dominante de Ré maj: *La* — Son sensible de Si min: *La*♯.

EXERCICES SUR LES SECONDES ET TIERCES.

Désignez les 3 demi-tons et la *seconde augmentée* de la gamme de Si mineur; solfiez ensuite les Nos 21 et 25 en supposant ces exercices dans le ton de Si mineur (2♯) et en chantant partout le son sensible de Si mineur: La ♯ et non La naturel (Dominante de Ré maj.) Dictées.

MÉLODIE RUSSE.

DICTÉE VOCALE.

Fa♯ mineur

(Ton relatif de La majeur).

FA♯, DO♯, SOL♯.

Dominante de La maj: *Mi* — Son sensible de Fa♯ min: *Mi*♯.

EXERCICES SUR LES SECONDES ET TIERCES.

Désignez les 3 demi-tons et la *seconde augmentée* de la gamme de Fa ♯ mineur; solfiez ensuite les Nos 21 et 25 en supposant ces exercices dans le ton de Fa♯ mineur (3♯) et en chantant partout le son sensible de Fa ♯ min: Mi♯ et non Mi naturel (Dominante de La maj.) Dictées.

RICHARD CŒUR-DE-LION

DICTÉE VOCALE.

47me LEÇON.

Do♯ mineur

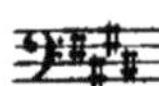

(Ton relatif de Mi majeur.)

FA♯, DO♯, SOL♯, RÉ♯.

Dominante de Mi maj: *Si* — Son sensible de Do♯ min: *Si*♯.

Exercices sur les Secondes et Tierces.

Désignez les 3 demi-tons et la *seconde augmentée* de la gamme de Do♯ mineur; solfiez ensuite les Nos 21 et 25 en supposant ces exercices dans le ton de Do♯ mineur (4♯) et en chantant partout le son sensible de Do♯ mineur: Si ♯ et non Si naturel (Dominante de Mi maj.) Dictées.

MÉLODIE.

Moderato. SCHUBERT.

145.

DICTÉE VOCALE.

Sol♯ mineur
(Ton relatif de Si majeur.)

FA♯, DO♯, SOL♯, RE♯, LA♯.

Dominante de Si maj: *Fa♯*—Son sensible de Sol♯ min: *Fax*.

EXERCICES SUR LES SECONDES ET TIERCES.

Désignez les 3 demi-tons et la *seconde augmentée* de la gamme de Sol♯ mineur, solfiez ensuite les N.os 21 et 25 en supposant ces exercices dans le ton de Sol♯ mineur (5♯) et en chantant partout le son sensible de Sol♯ mineur: Fax et non Fa♯ (Dominante de Si maj.) Dictées.—

DICTÉE VOCALE

48.me LEÇON.

EXERCICES sur les ACCORDS

Chantez dans le ton de *La mineur*, de *Mi mineur*, de *Si mineur*, de *Fa♯ mineur*, de *Do♯ mineur* et de *Sol♯ mineur* les notes dont se compose;

1.° l'accord parfait *mineur* de la *tonique* basé sur la tonique;

2.° l'accord de *dominante* basé sur la dominante;

3.° l'accord de *quinte diminuée* basé sur le son sensible (2 tierces mineures);

4.° l'accord de *septième diminuée* basé sur le son sensible et composee de 3 tierces min:;

5.° l'accord de *septième dominante* basé sur la dominante.

49me LEÇON.

TABLEAU DES GAMMES RELATIVES

MAJEURES ET MINEURES AVEC BÉMOLS.

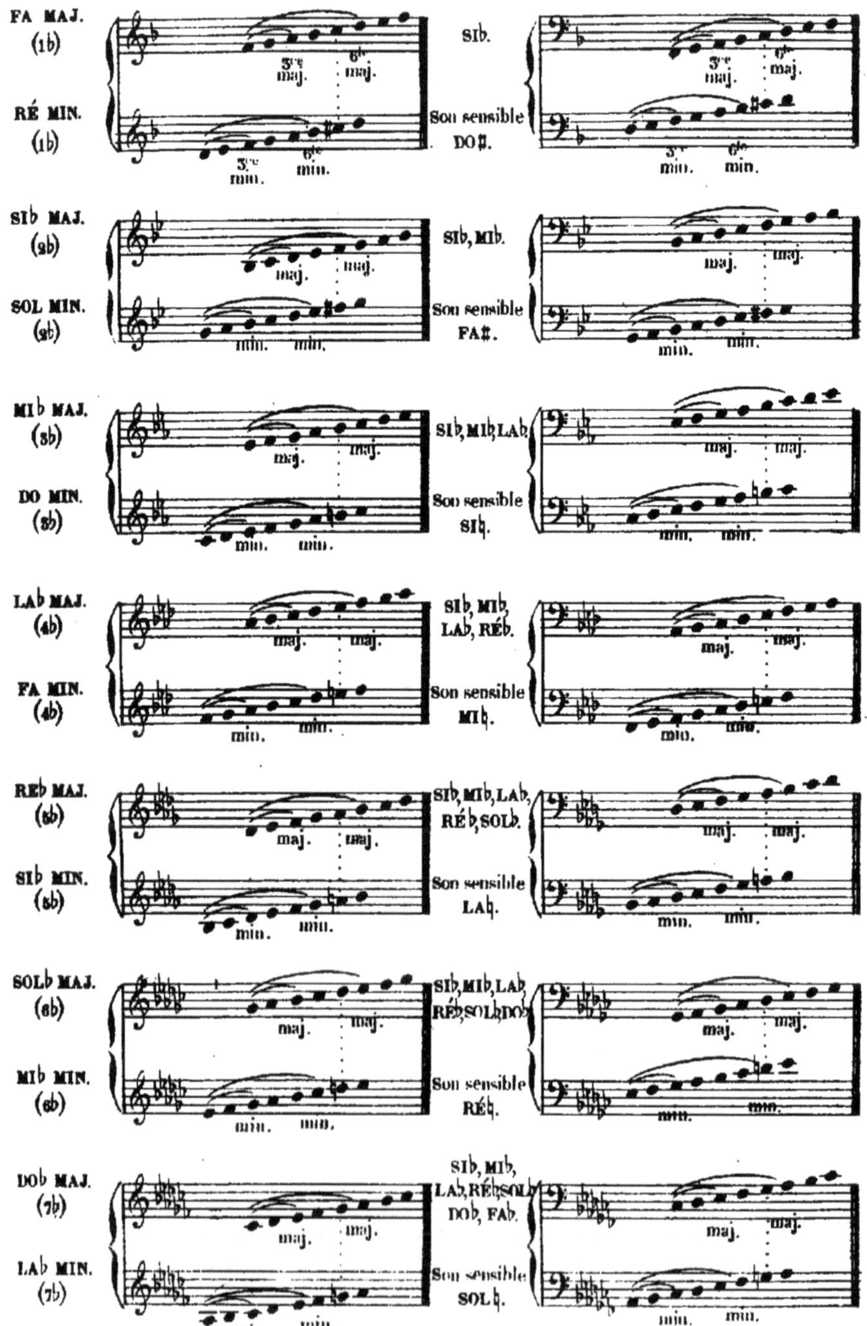

ÉTUDE PRATIQUE DES TONS MINEURS AVEC BÉMOLS

Ré mineur

(Ton relatif de Fa majeur.)

SI♭.

Dominante de Fa maj: *Do*—Son sensible de Ré min: *Do♯*.

Exercices sur les Secondes et Tierces.

Désignez les 3 demi-tons et la *seconde augmentée* de la gamme de Ré mineur; solfiez ensuite les N.os 21 et 25 en supposant ces exercices dans le ton de Ré mineur (1♭) et en chantant partout le son sensible de Ré mineur: Do♯ et non Do naturel (Dominante de Fa maj.) Dictées.–

LE DÉSERTEUR

AIR.

DICTÉE VOCALE.

Sol mineur

(Ton relatif de Si♭ majeur.)

SI♭, MI♭.

Dominante de Si♭ maj: *Fa*—Son sensible de Sol min: *Fa♯*.

Exercices sur les Secondes et Tierces.

Désignez les 3 demi-tons et la *seconde augmentée* de la gamme de Sol mineur; solfiez ensuite les N.os 21 et 25 en supposant ces exercices dans le ton de Sol mineur; (2♭) et en chantant partout le son sensible de Sol mineur: Fa♯ et non Fa naturel (Dominante de Si♭). Dictées.–

MÉLODIE.

DICTÉE VOCALE.

50me LEÇON.

Do mineur

(Ton relatif de Mi♭ majeur).

SI♭, MI♭, LA♭.

Dominante de Mi ♭ maj: *Si♭*—Son sensible de Do min *Si♮*.

EXERCICES SUR LES SECONDES ET TIERCES.

Désignez les 3 demi-tons et la *seconde augmentée* de la gamme de Do mineur; solfiez ensuite les Nos 21 et 25 en supposant ces exercices dans le ton de Do mineur (3♭) et en chantant partout le son sensible de Do mineur: Si♮ et non Si♭ (Dominante de Mi♭ maj.) Dictées.—

ORPHÉE

CHŒUR

Andante. GLUCK.

149.

DICTÉE VOCALE.

Fa mineur

(Ton relatif de La♭ majeur)

SI♭, MI♭, LA♭, RÉ♭.

Dominante de La♭ maj: *Mi♭*—Son sensible de Fa min: *Mi♮*.

Exercices sur les Secondes et Tierces.

Désignez les 3 demi-tons et la *seconde augmentée* de la gamme de Fa mineur; solfiez ensuite les N°s 21 et 25 en supposant ces exercices dans le ton de Fa mineur (4♭) et en chantant partout le son sensible de Fa mineur: Mi♮ et non Mi♭ (Dominante de La♭ maj.) Dictées.

51me LEÇON.

Si ♭ mineur.

(Ton relatif de Ré ♭ majeur).

SI ♭, MI ♭, LA ♭, RÉ ♭, SOL ♭.

Dominante de Ré ♭ maj: *La* ♭. — Son sensible de Si ♭ min: *La* ♮.

Exercices sur les Secondes et Tierces.

Désignez les 3 demi-tons et la seconde augmentée de la gamme de Si ♭ mineur, solfiez ensuite les Nos 21 et 25 en supposant ces exercices dans le ton de Si ♭ mineur (5 ♭) et en chantant partout le son sensible de Si ♭ mineur La ♮ et non La ♭ (dominante de Ré ♭ majeur). Dictées.

PIETÀ SIGNORE.

AIR D'ÉGLISE.

STRADELLA.

151. Andante. *p*

52me LEÇON.

Mi ♭ mineur.

(Ton relatif de Sol ♭ majeur).

SI ♭, MI ♭, LA ♭,
RÉ ♭, SOL ♭, DO ♭.

Dominante de Sol maj: *Ré* ♭ — Son sensible de Mi ♭ min: *Ré* ♮.

Exercices sur les Secondes et Tierces.

Désignez les 3 demi-tons et la seconde augmentée de la gamme de Mi ♭ mineur, solfiez ensuite les Nos 21 et 25 en supposant ces exercices en Mi ♭ mineur (6 ♭) et en chantant partout le son sensible de Mi ♭ mineur Ré ♮ et non Ré ♭ (dominante de Sol ♭ majeur). Dictées.

ORPHÉE.

CHŒUR.

GLUCK.

152.

DICTÉE VOCALE.

La ♭ mineur

(Ton relatif de Do majeur).

SI ♭, MI ♭, LA ♭, RÉ ♭,
SOL ♭, DO♭, FA♭.

Dominante de Do♭ maj: *Sol*♭ — Son sensible de La ♭ min: *Sol*♮.

Exercices sur les Secondes et Tierces.

Désignez les 3 demi-tons et la seconde augmentée de La♭ mineur solfiez ensuite les Nos 21 et 25 en supposant ces exercices dans le ton de La♭ mineur (7♭) et en chantant partout le son sensible de La♭ mineur: Sol ♮ et non Sol ♭ (dominante de Do ♭ majeur). Dictées.—

MÉLODIE.

DICTÉE VOCALE.

53me LEÇON.

EXERCICES sur les ACCORDS.

Chantez dans le ton *Ré mineur*, de *Sol mineur*, de *Do mineur*, de *Fa mineur*, de *Si ♭ mineur*, de *Mi ♭ mineur* et de *La ♭ mineur* les notes dont se compose:

1° l'accord parfait *mineur* de la *Tonique* basé sur la tonique;

2° l'accord de *Dominante*, basé sur la dominante;

3° l'accord de *Quinte diminuée* basé sur le son sensible (2 tierces min);

4° l'accord de *Septième diminuée* basé sur le son sensible et composé de 3 tierces mineures;

5° l'accord de *Septième dominante* basé sur la dominante.

Récapitulation.

1° Indiquez le nombre des *Dièses* ou des *Bémols*, —

2° l'accord parfait de la *tonique*, l'accord parfait majeur de la *dominante* et l'accord de *quinte diminuée* (basé sur la sensible), —

3° la *sous-dominante* et la *sus-dominante*, de chacun des tons suivants:

Do ♭ maj: – *Do* min: – *Do* maj: – *Do* ♯ min: – *Ré* ♭ maj: – *Ré* maj: – *Ré* min: – *Ré* ♯ min: *Mi* ♭ maj: – *Mi* ♭ min: – *Mi* maj: – *Mi* min: – *Fa* min: – *Fa* maj: – *Fa* ♯ min: – *Fa* ♯ maj: *Sol* ♭ maj: – *Sol* maj: – *Sol* min: – *Sol* ♯ min: – *La* ♭ maj: – *La* ♭ min: – *La* min: – *La* maj: *Si* ♭ maj: – *Si* ♭ min: – *Si* maj: – *Si* min:

54me LEÇON.

DE LA MODULATION.

On appelle **modulation** le passage d'un ton à un autre dans un même morceau. La modulation s'effectue par l'adjonction ou par la suppression d'un ou de plusieurs accidents en quittant le ton primitif et *en entrant* dans un *ton nouveau.*

Il est nécessaire d'examiner toutes les notes altérées, étrangères au ton principal, qui se trouvent dans la mélodie même ou dans les notes qui accompagnent la mélodie, pour reconnaître si elles appartiennent à un ton nouveau ou si elles ne figurent que comme ornements mélodiques sans déterminer une modulation.

Les notes *altérées* qui servent à *caractériser* et à *déterminer* un *ton nouveau* forment le plus souvent le *sensible* ou la *sous-dominante* du ton nouveau.

On module généralement dans les *tons les plus rapprochés* du ton principal, qui sont:

1° Le ton basé sur la *dominante* du ton principal. **Ex:** Modulation de *Do* maj: en *Sol* maj: par *Fa* ♯, son sensible de *Sol* maj:

2° Le ton *relatif* du ton basé sur la *dominante*. **Ex:** " *Do* maj: en *Mi* min: par *Ré* ♯, son sensible de *Mi* min:

3° Le ton basé sur la *sous-dominante* du ton principal. **Ex:** " *Do* maj: en *Fa* maj: par *Si* ♭, sous-dominante de *Fa* maj:

4° Le ton *relatif* du ton basé sur la *sous-dominante*. **Ex:** " *Do* maj: en *Ré* min: par *Do* ♯, son sensible de *Ré* min:

5° Le ton *relatif* du ton *principal*. **Ex:** " *Do* maj: en *La* min: par *Sol* ♯, son sensible de *La* min:

6° Le ton de *même tonique* appartenant à *l'autre mode*. **Ex:** " *Do* maj: en *Do* min: par *Mi*♭ et *La*♭ médiante et sous-dominante de *Do* min:

EXERCICES.

1° Indiquez dans les **modulations** suivantes les notes altérées qui *caractérisent* et *déterminent* le ton nouveau.

Modulation de *La mineur* en *Mi* min:(1♯); en *Sol* maj:(1♯); – en *Ré* min:(1♭); en *Fa* maj:(1♭); – en *Do* maj; en *La* maj:(3♯).

" *Fa majeur* en *Do* maj: en *La* min: – en *Si*♭ maj:(2♭); en *Sol* min:(2♭); – en *Ré* min; en *Fa* min:(4♭).

" *Ré mineur* en *La* min: en *Fa* maj: – en *Sol* min: en *Si*♭ maj: – en *Fa* maj; en *Ré* maj:(2♯).

" *Sol majeur* en *Ré* maj: en *Si* min:(2♯); – en *Do* maj: en *La* min: – en *Mi* min; en *Sol* min:(2♭).

" *Mi mineur* en *Si* min: en *Ré* maj: – en *La* min: – en *Fa* maj: – en *Sol* maj; en *Mi* maj:(4♯).

" *Si ♭ majeur* en *Fa* maj: en *Ré* min: – en *Mi*♭ maj:(3♭); en *Do* min:(3♭); – en *Sol* min; en *Si* ♭ min:(5♭).

" *Sol mineur* en *Ré* min: en *Fa* maj: – en *Do* min: en *Mi*♭ maj: – en *Si*♭ maj; en *Sol* maj:(1♯).

" *La majeur* en *Mi* maj: en *Do* ♯ min: – en *Ré* maj: en *Si* min: – en *Fa*♯ min; en *La* min:

" *Fa♯ mineur* en *Do* ♯ min: en *Mi* maj: – en *Si* maj:(5♯); en *Sol*♯ min:(5♯); en *La* maj; en *Fa*♯ maj:(6♯).

2° Désignez les tons les plus rapprochés des tons suivants:

Mi maj; *Do* ♯ min; *La* ♭ maj; *Fa* min; *Si* maj; *Sol* ♯ min; *Ré* ♭ maj: et *Si* ♭ min:

3° Etudiez les Nos suivants et indiquez les **modulations** qui s'y trouvent en désignant les *tons nouveaux* auxquels appartiennent les notes altérées ainsi que les *rentrées* aux tons primitifs.

LE CHANT DU DÉPART.

Tempo di marcia. **MÉHUL.**

154.

LA GARDE PASSE (*DES DEUX AVARES*).

CHŒUR À 3 VOIX D'HOMMES.

Allegretto. **GRÉTRY.**

155.

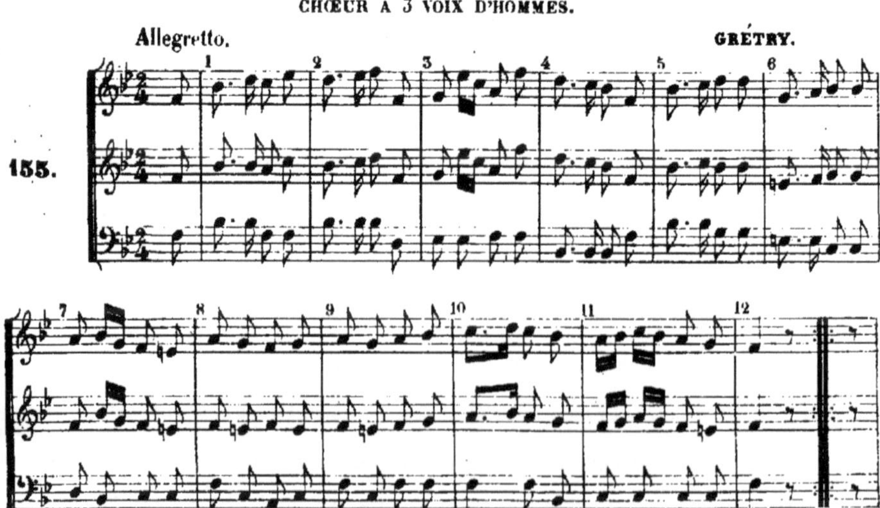

LA FLÛTE ENCHANTÉE.

CHŒUR À 3 VOIX D'HOMMES.

Adagio.

MOZART.

156.

EURYANTHE.

CHŒUR DES CHASSEURS.

WEBER.

All° moderato.

157.

f pp écho. f pp écho.

f cresc.

f cresc. f

ff

HYMNE À LA NUIT (DES DANAÏDES).

CHŒUR À 3 VOIX D'HOMMES.

SALIERI.

Un poco andante.

158.

HYMNE À LA NUIT.

CHŒUR À 4 VOIX D'HOMMES.

SCHUBERT.

159.

Lento.

p pp pp

mf poco rit. pp

p mf pp mf f poco rit.

LE SOIR
CHŒUR A 4 VOIX D'HOMMES.
KUHLAU.
Lent.
160.
cresc.
dim.
rit.
CHŒUR BACHIQUE
P. WINTER.
Vivace.
161.
cresc.

HYMNE A LA FRANCE *

* Publié avec l'autorisation de M.r S. Richault, Editeur de Musique, 4 Boulevart des Italiens.

Pour les 1er et 2e Couplets.
riten.
en élargissant.
Pour finir.
ff
SOLO. Maestoso.
très marqué.
rall.
suivez.
a Tempo.
f
très marqué.
riten.
a Tempo.

ADIEU PATRIE

TIRÉ DES NAVIGATEURS.
CHŒUR À 4 VOIX D'HOMMES.

E. BOULANGER

164.

Publié avec l'autorisation de Mr V. Lory, Éditeur de Musique, 12, rue Cadet.

CHANT D'ORPHÉON *

CHŒUR A 4 VOIX D'HOMMES

CAMILLE DE VOS.

2812. * Publié avec l'autorisation du Directeur de la "Nouvelle France Chorale", 3, rue d'Aboukir.

* Publié avec l'autorisation de Mr Vieillot, Editeur de Musique, 32, rue N. D. de Nazareth.

HERCULANUM (1)

CHANSON DE LA COUPE.

Fragment

FÉLICIEN DAVID.

168.

GALATHÉE (2)

CHANSON DE LA COUPE.

VICTOR MASSÉ.

169.

MONSIEUR GRIFFARD (3)

ROMANCE.

LÉO DELIBES.

170.

(1) Publié avec autorisation de M. Colombier, Edit. de Mus. 6, rue Vivienne.
(2) Publié avec autorisation de M. L. Gres, Edit. de Mus. 31, Boulevart Bonne Nouvelle.
(3) Publié avec autorisation de M. L. Vieillot, Edit. de Mus. 32, rue N. D. de Nazareth.

LA MUETTE DE PORTICI (1)

CAVATINE DU SOMMEIL.

FREYSCHÜTZ.

AUX BORDS DU GANGE. (2)

(1) Extrait de la Cavatine publié avec autorisation de MM. Brandus et Cie Edit. de Mus. 103, rue de Richelieu.
(2) Publié avec autorisation de MM. Brandus et Cie Ed. de Mus. 103, rue de Richelieu.

LA FILLE DU GEÔLIER *)

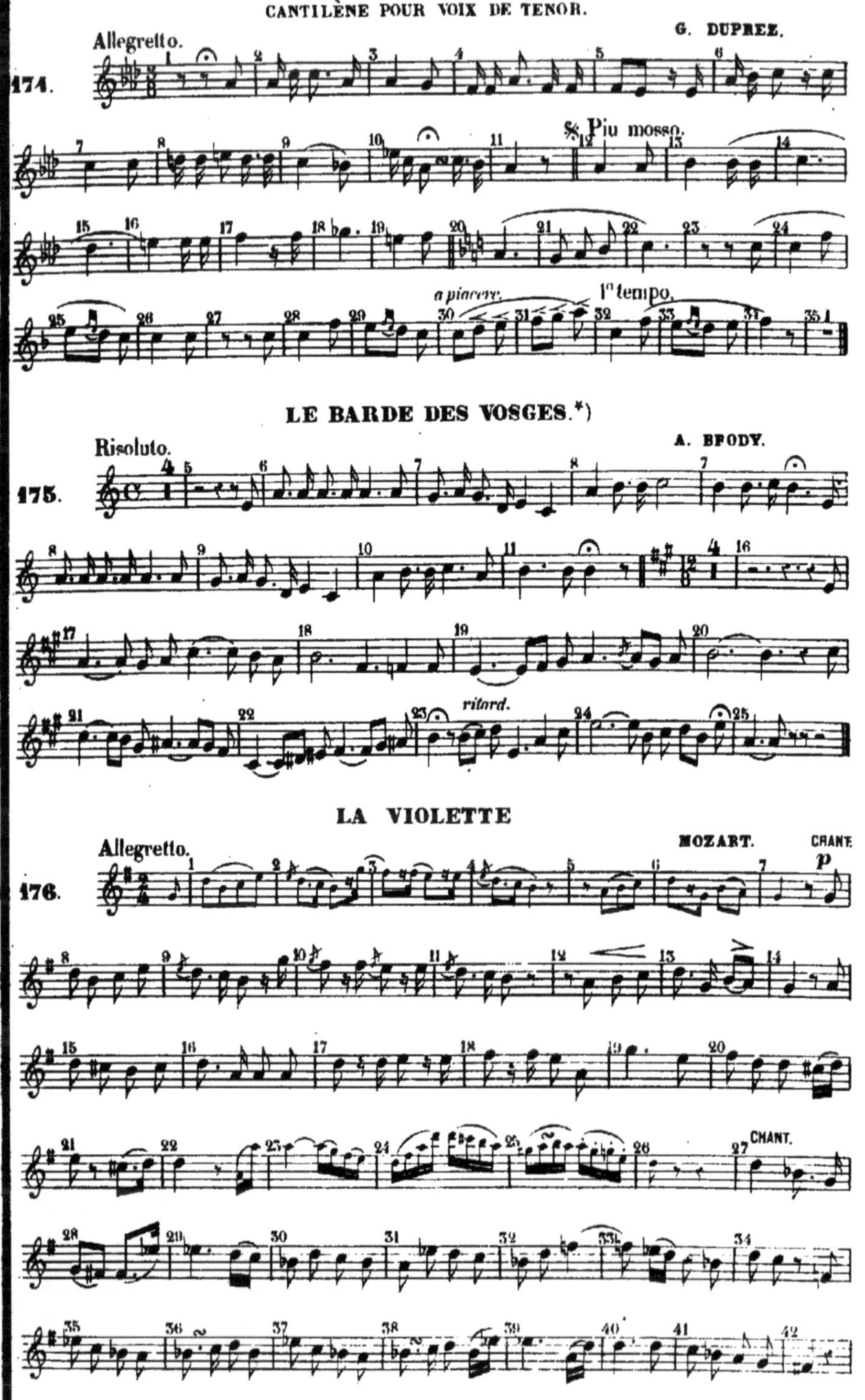

(*) Publiés avec autorisation de M. L. Vieillot éditeur.

rall.
string.
rall.
a piacere.
a tempo
ADELAÏDE.
Larghetto.
BEETHOVEN.
177.
CHANT.
CHANT.
CHANT.
Allº molto.
CHANT.
CHANT.

JOSEPH
HYMNE A 4 VOIX.
Maestoso.
MÉHUL.
1res et 2es TENORS.
178.
1res et 2es BASSES.

1rs et 2es SOPRANOS.
1rs et 2es CONTRALTOS.
1rs et 2es SOPRANOS.
1rs et 2es CONTRALTOS.
1rs et 2es TENORS.
1rs et 2es BASSES.
CHORAL.
J. S. BACH.
SOPRANO.
CONTRALTO.
179.
TENOR.
BASSE.

(1) Fragment publié avec autorisation de M.A. Lory Ed. de Mus.

(1) Fragment publié avec autorisation de M. V. Lory Edit. de Mus.

(*) Fragment publié avec autorisation de M. V. Lory, Editeur

LE CAPITAINE HENRIOT (*)

CHANT PATRIOTIQUE À 4 VOIX D'HOMMES.

F. A. GEVAERT.

Mouv^t de marche *très majestueux*

183

(*) Publié avec l'autorisation de M. L. Gins, Éditeur.

Plus fort.
élargissez le mouvt

(*) Publié avec l'autorisation du Directeur de la Nouvelle France Chorale

marcato
rall
Tempo
rit
ritenuto
(♩=116)
un poco ri_te_nu_to
ritenuto
Grazioso (♩=126)
dim

cantabile marcato il basso
77 a tempo
rall
p
Andte (♩=69)
un poco rit a tempo
cédez au mouvt
espressivo
p
espressivo
f
(♩=112)
f
f
f
Andte ad lib
(♩=66)
cantabile
p
mf
mf
dolce
p
p
dolce
ritenuto
ritenuto
largo
f
f
ff vibrato
ff vibrato

LE LOUP ET LE CHIEN*)

CHŒUR A 4 VOIX D'HOMMES

*) Publié avec l'autorisation du Directeur de la „Nouvelle France Chorale“.

légèrement

Plus lent.
pp
1er mouvt tranquille.
p
f
légèrement.
doux.
ff
moins fort.

très légèrement.
pp
sec.
LA FLÛTE ENCHANTÉE.
TRIO.
And^te moderato
MOZART.
186
SOPRANO.
BASSE.
TÉNOR.

36
37
38
39
40
41
42
43
44
45
46
47
48
49
50
51
52
53
54
55
56
57
58
59
60
61
62
63
64
65
66
67

ADIEU POUR SE REVOIR.[1]

MENDELSSOHN.

187.

[1]) Publié avec autorisation de Mr S. Richault, Editeur.

PSAUME 118.[2]) *VERSET* 5-25.

All^o^ non troppo. CHŒURS à 3 à 4 et à 6 VOIX.

HALÉVY.

188.

[2]) Tiré du Recueil de Chants religieux et Psaumes par S. Naumbourg, 8, rue Béranger.

SOLI.
SOP: ou TENOR

tempo 1º

cresc.

cresc.

cresc.

Più lento.

SOLI

Tempo all°
CHŒUR.
TÉNOR. rall. poco a poco.
Tempo 1°
SOLI.
CHŒUR. 1r et 2d SOPR.
SOLI
CHŒUR.

SOLI.

101 102 103 104 *pp* 105 106

CHŒUR et SOLI.

pp

pp

107 108 109 110 111 112

TÉNOR SOLO.

pp 1r et 2d SOPR.

pp TÉNORS.

pp 1re et 2de BASSES.

113 114 115 116 117

118 *ritard.* 119 120 121 122

CHŒUR.

f

f

f

Andante.

p CHŒUR SOLI. 123 124 CHŒUR. 1re et 2e SOPR 125 126 SOLI. 127 *cresc.* 128

1re BASSE.

2e BASSE.

pp CHŒUR. 129 130 SOLI. 131 *f dim.* 132 *ff* CHŒUR. 133 134

pp *f* *ff*

pp *f* *ff*

135 136 *cresc.* *pp* CHŒUR. 137 138 *rall.* 139 *f* 140 141 *pp dim.* 142

pp *f* *pp*

pp *f* *pp dim.*

LES NOCES DE PROMÉTHÉE.*)

CANTATE (DUO).

*) Publié avec autorisation de Mr J. Maho, Ed. de Mus. 25, rue du Faubourg St Honoré.

TOUT SOMMEILLE...[1]

CHŒUR À 3 VOIX D'HOMMES.

EDM. d'INGRANDE.

Moderato. (♩= 96)

190.

p

p

p

cresc.

cresc.

cresc.

decres.

decres.

decres

cresc.

cresc.

(1) Publié avec l'autorisation de l'auteur, rue St Louis en l'Ile, 84.

decres.
decres.
decres.
(bouche fermée).
SOLO.
(bouche fermée).
(bouche fermée).
SOLO.
SOLO.
(bouche fermée).
TUTTI.
TUTTI.
TUTTI.
cresc.
cresc.
cresc.
p
p
p
pp
pp
pp
(bouche fermée).
(bouche fermée).
(bouche fermée)
smorz.
smorz.
smorz.
FIN.

Publiés avec autorisation de M. L. Vieillot Ed. de musique

LES NOCES DE FIGARO.

ROMANCE.

LA FLÛTE ENCHANTÉE.

AIR.

Larghetto.

MOZART.

194.

LA FLÛTE ENCHANTÉE.

AIR.

JOSEPH.

AIR.

MEHUL.

Adagio.

196.

35 Allegro. 36 *cresc.*

f

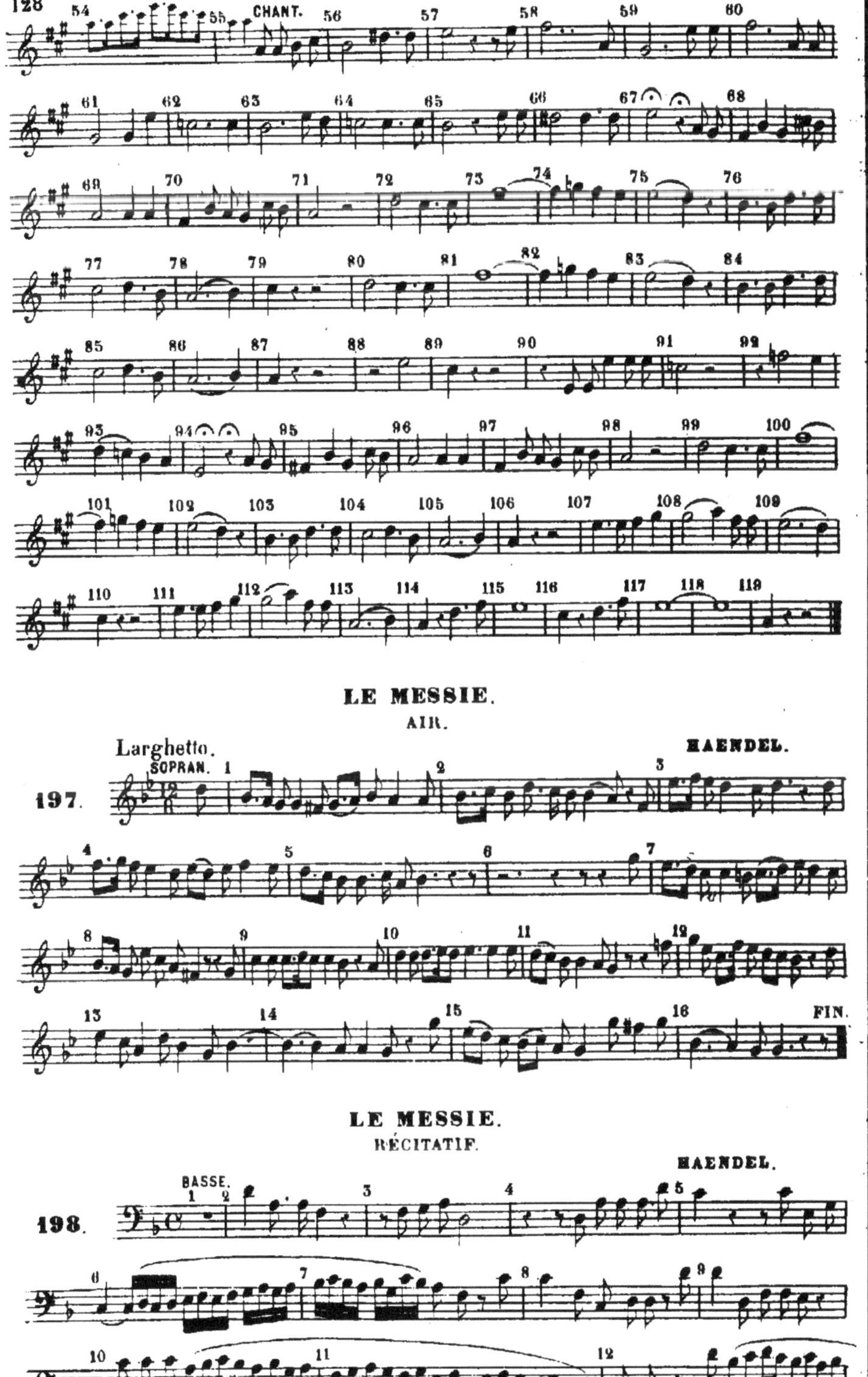
CHANT.
LE MESSIE.
AIR.
Larghetto.
HAENDEL.
SOPRAN.
197.
FIN.
LE MESSIE.
RÉCITATIF.
HAENDEL.
BASSE.
198.

Récit.
AIR.
Larghetto.
198 bis
Prestissimo.
Larghetto.

Prestissimo.
Adagio.
FIN.

AIR.

Allegretto.
RAMEAU.
199.

AIR.

Larghetto con espressione.
PAËR.
200.

JEANNE D'ARC.(*) (DIEU LE VEUT!)

CHŒUR A 4 VOIX D'HOMMES.

CH. GOUNOD.

201.

(*) Publié avec autorisation de MM. Gérard & Cie Editeurs, 12, Boulevart des Capucines.

do
do
f
p
f
dim
dim
p
cre - scen - do
cre - scen - do
f
p
cre - scen - do
cre - scen - do
f

55me LEÇON.

DE LA TRANSPOSITION.

Un morceau de musique écrit dans un ton *trop élevé* ou *trop grave* peut être chanté dans un **autre ton** *moins élevé* ou *moins grave*; ce **changement de ton** s'appelle: **Transposition.**

On *transpose* de deux manières: **en écrivant**, où l'on change les notes de position, et **en lisant** à première vue où l'on change la clef.

LA TRANSPOSITION EN ÉCRIVANT.

Pour transposer **en écrivant** on met d'abord l'armure du nouveau ton, on écrit ensuite chaque note à une distance égale à l'intervalle qui sépare la tonique du *ton à transposer* de celle du *nouveau ton*.

EXEMPLES.

DE LA MODIFICATION DES ALTÉRATIONS ACCIDENTELLES DEVANT DES NOTES TRANSPOSÉES.

En rencontrant dans le courant d'un morceau des *altérations accidentelles*, on doit se rendre compte de l'*étendue* de l'*intervalle altéré* et on écrit et on chante ensuite le *même intervalle* dans le nouveau ton en modifiant ou en conservant les signes altératifs selon la nécessité.

EXERCICE.

Indiquez les *altérations accidentelles* que nécessite la transposition de la mélodie suivante en Si maj., Si ♭ maj., Ré ♭ maj. et Mi majeur.

(*) Tiré du 21e Motet de la collection de **SALUTS SOLENNELS** chez Mr. Graff, Editeur, Rue Mezières 1

DE LA TRANSPOSITION EN LISANT.

Pour transposer **en lisant** on change la clef en la remplaçant par une **autre clef** qui baisse ou hausse le ton écrit, c'est à dire qui le transpose dans le ton voulu. Cette transposition exige la connaissance théorique et pratique de toutes les clefs ci-dessous qu'il faut étudier préalablement en se servant des exercices page 4. (1-12)

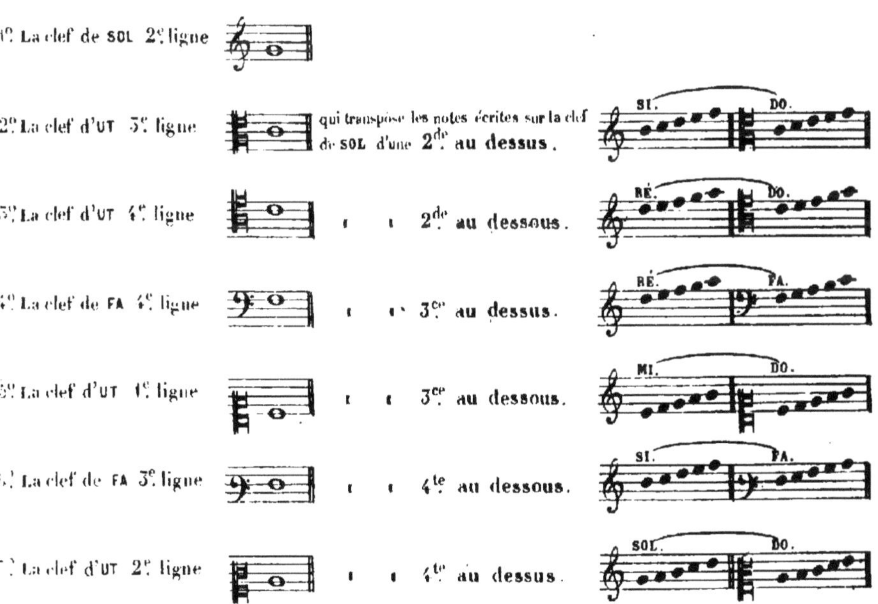

EXERCICE.

Désignez les clefs qu'on ajoute mentalement pour transposer de *Si* ♭ en *La maj.*, de *Do maj.* en *Mi maj.*, de *Fa maj.* en *Ré maj.*, de *Ré maj* en *Do maj.*, de *Ré maj.* en *Sol maj.*, de *Fa maj.* en *Do maj.*, de *Mi min.* en *Fa mineur.*

REMARQUE.

Le changement de la clef pour transposer ne sert qu'à déterminer le *nom* des notes mais n'indique pas toujours la *hauteur* qu'elle occupe à l'échelle musicale. Voici donc l'étendue de chaque voix avec indication de sa position à l'échelle musicale:

TABLEAU DE L'ÉTENDUE DES VOIX
ET RAPPORT DES DIFFÉRENTES CLEFS ENTRE ELLES.

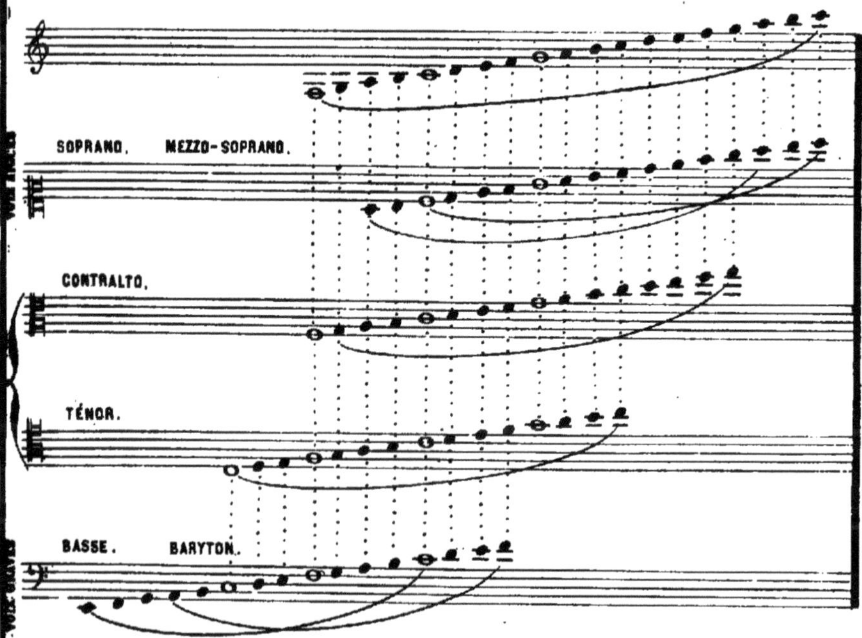

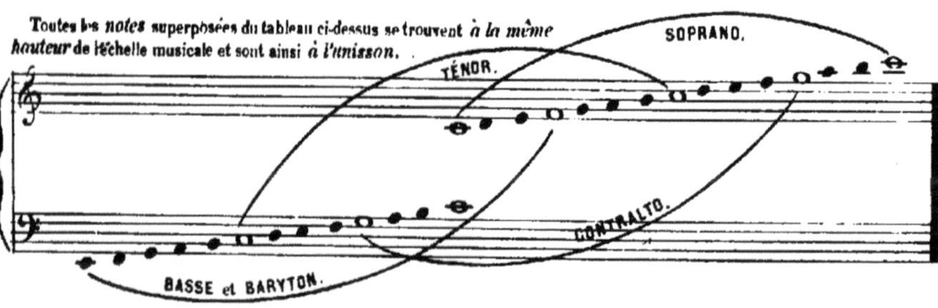

REMARQUE. Toute musique écrite en clef de Sol pour voix de Ténor, Baryton ou Basse est chantée une octave au dessous de sa notation.

JOSEPH.

ROMANCE.

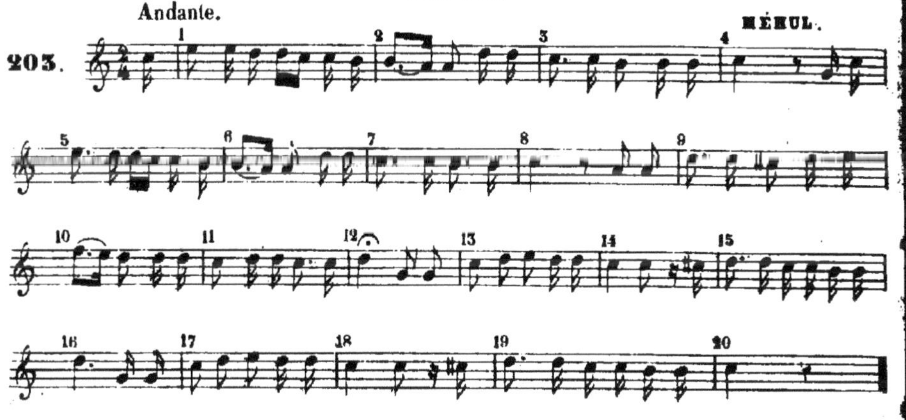

Andante. MÉHUL.

203.

EXERCICE.

Chantez la Romance précédente en La majeur et ensuite en Ré ♭ majeur.

MIGNON.(*)

DUETTO DES HIRONDELLES

Réduction pour Soprano ou Ténor.

AMBROISE THOMAS.

204.

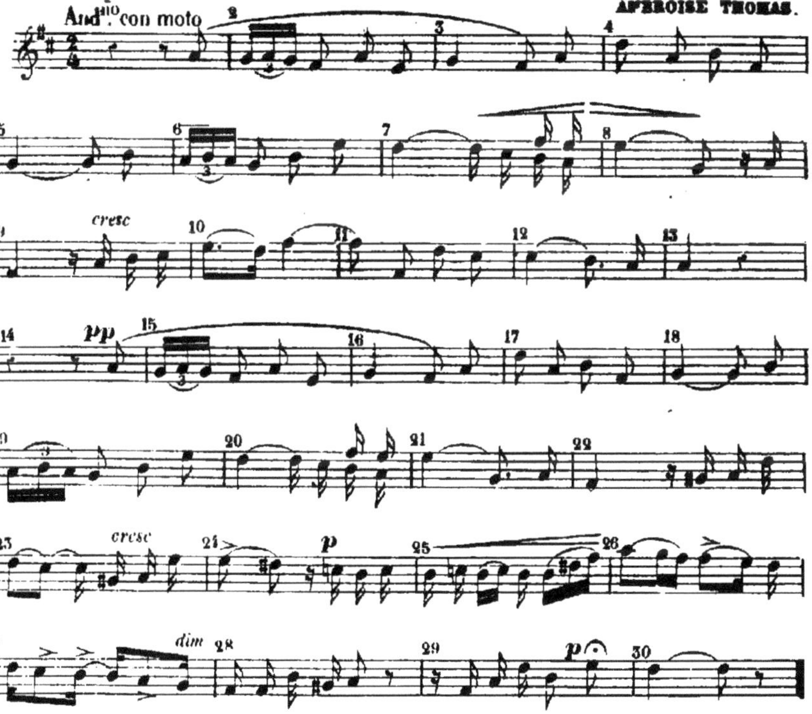
And^no. con moto
cresc
pp
cresc
p
dim
p

EXERCICE.

Chantez la Mélodie précédente en Si ♭ majeur, ensuite en Si majeur et en Do majeur.

(*) Publié avec autorisation de MM. Heugel & Cie Éditeurs 2bis rue Vivienne.

Appendice à la 7me Edition

du Solfège Pratique ou Nouvelle Méthode de Lecture musicale. *)

par Alexandre BRODY.

1re PARTIE.

Avant d'étudier les Nos 46 à 51 de la Méthode 1re Partie — on solfiera les Exercices suivants.

1

2

3

4

5

6

7

8

*) La Méthode complète, revue, augmentée d'un *Appendice* et cartonnée 3f. 50c; la 1re partie augmentée d'un *Appendice* et brochée: 0, 75c. Paris, chez P. [illegible] 18 rue du Sommerard et chez *l'Auteur*, 5 rue de Lancry.

Appendice.

9

10

11

12 Avant d'étudier les N.os 52 à 55 de la Méthode, 1.re Partie, on solfiera les Exercices suivants N.º 12 à 19.

13

14

15

16

17

18

B.

Appendice.

19

20 Avant d'étudier le N° 56 de la Méthode, on solfiera les 2 N.os suivants.

Syncopes.

21

Contre-Temps.

22 Avant d'étudier les N.os 61 à 65 de la Méthode, on solfiera les Exercices suivants 22 à 26.

23

24

25

26

Appendice.

2e PARTIE.

31
Avant d'étudier le N° 103 de la Méthode, on solfiera le N° suivant.
A. BRODY.
Maestoso.
32
Avant d'étudier le N° 109 de la Méthode, on solfiera le N° suivant.
A. BRODY.
Grazioso.
33
Avant d'étudier le N° 110 de la Méthode, on solfiera le N° suivant.
A. BRODY.
Andante.

Avant d'étudier le N.° 113 de la Méthode, on solfiera le N.° suivant.
34 Allegretto.
F. SCHUBERT.
Avant d'étudier le N.° 122 de la Méthode, on solfiera le N.° suivant.
35 Andantino.
A. BRODY.
Avant d'étudier le N.° 130 de la Méthode, on solfiera les N.os suivants.
36 Andantino.
A. BRODY.
37 Andantino.
A. BRODY.
Avant d'étudier le N.° 131 de la Méthode on solfiera le N.° suivant.
38 Mouv.t de Marche.
A. BRODY.

Da capo al fine.

Avant d'étudier le N° 132 de la Méthode on solfiera le N° suivant.

39 Allegretto. A. BRODY.

FIN.

Avant d'étudier le N° 133 de la Méthode on solfiera le N° suivant.

40 Lento. *Choeur du XVIe Siècle.*

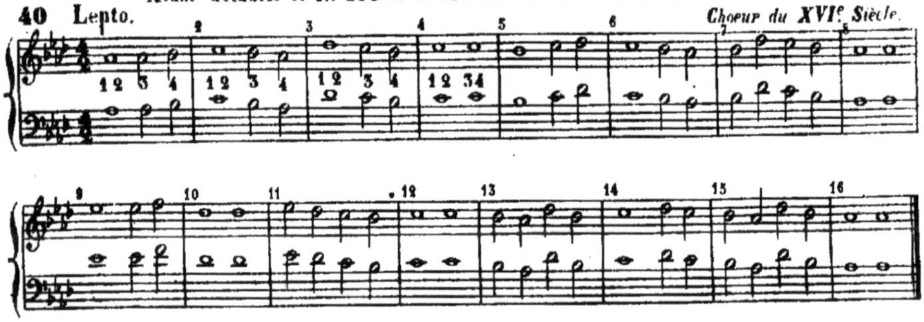

Avant d'étudier le N° 141 de la Méthode on solfiera les 2 N[os] suivants.

41 Andante. *Mélodie populaire.*

rit.

42
Andante.
MONSIGNY.
43
Avant d'étudier le N.° 142 de la Méthode on solfiera le N.° suivant.
Allegretto.
Mélodie populaire.
44
Avant d'étudier le N.° 143 de la Méthode on solfiera le N.° suivant.
Lento.
A. BRODY.
45
Avant d'étudier le N.° 144 de la Méthode on solfiera le N.° suivant.
Allegro moderato.
A. BRODY.
FIN.
46
Avant d'étudier le N.° 145 de la Méthode on solfiera le N.° suivant.
Allegro moderato.
A. BRODY.
FIN.

Appendice.

Avant d'étudier le N° 147 de la Méthode on solfiera le N° suivant.

Appendice.

Avant d'étudier le N° 149 de la Méthode on solfiera le N° suivant.

FIN

Imp. Ed. DELANCHY F^g St Denis 51 et 53.

TABLE DES MATIÈRES

PREMIÈRE PARTIE

DEUXIÈME PARTIE

IMPRIMERIE CENTRALE DES CHEMINS DE FER. — A. CHAIX ET Cie, RUE BERGÈRE, 20. — 5730-5.

www.ingramcontent.com/pod-product-compliance
Ingram Content Group UK Ltd.
Pitfield, Milton Keynes, MK11 3LW, UK
UKHW020919180726
13838UKWH00002B/648

9 782329 312262